7日間で速攻マスター！
奇跡の「英文法手帳」

安河内哲也

PHP文庫

○本表紙図柄＝ロゼッタ・ストーン(大英博物館蔵)
○本表紙デザイン＋紋章＝上田晃郷

「英文法がもう一度ゼロからわかる！」

　1日1レッスン、すきま時間に英文法をマスターしたい！

　そんな皆さんのために、この本は生まれました。

　英語の勉強をいざ始めようと思っても、ベースとなる英語の最低限の決まり、つまり英文法の理解がしっかりとできていないと、単語や熟語をいくらおぼえても、自分の言いたいことがきちんと表現できず、困ってしまうことがよくあります。

　この本はそのようなルールがわからずに困っている皆さんのために、**「はじめから」「やさしく」英文法を解説してあります。**

　取り上げている文法事項は、主に中学レベルから高校初級レベルのものです。

　これらの最低限の基礎ルールこそが、会話やライティングで最も重要なものだからです。

　皆さんは本文を読み、英文法の仕組みをしっかりと理解した上で、模範英文を暗唱したり、実際に書いてみたりすることによって、反射的にルールを使いこなす訓練をしてください。

　どんな勉強でも、**最初の一歩を踏み出すことが一番大切です。**いろいろと迷って悩んでいても何も始まりません。

とりあえず、この本を楽しむところから最初の一歩を踏み出してもらいたいと思います。
「わかった」という気持ちから、「もっとやりたい」という欲が出てきたらしめたものです。
「数年後の英語の達人」になるかもしれない皆さんが「最初の一歩」を踏み出すお手伝いができることを、大変光栄に思います。**最後まで、笑顔で頑張りましょう。**
　最後に、この本の作成に関しては、大変多くの皆様の協力を賜りました。特に、鈴木博巳氏、石川秀明氏、クリス・グリースン氏には、限られた期限の中で多大なるご尽力をいただきました。深く感謝いたします。

安河内哲也

7日間で速攻マスター！
奇跡の「英文法手帳」

Contents

■「英文法がもう一度ゼロからわかる！」・・・・・・・・・・・・ 3
■ 本書の利用法 ・・・・・・・・・・・・・・・・・・・・・・・・・・・・・・・・ 10

準備　英語の基礎の基礎を全部確認！

1 品詞を確認しよう ・・・・・・・・・・・・・・・・・・・・・・・・・・・ 14
2 文法用語を確認しよう ・・・・・・・・・・・・・・・・・・・・・・・ 16
3 代名詞を確認しよう ・・・・・・・・・・・・・・・・・・・・・・・・・ 18

1日目　動詞がわかれば英文がわかる！

1 be 動詞と一般動詞 ・・・・・・・・・・・・・・・・・・・・・・・・・・ 20
2 be 動詞の否定文と疑問文 ・・・・・・・・・・・・・・・・・・・・ 26
3 be 動詞の過去形 ・・・・・・・・・・・・・・・・・・・・・・・・・・・・ 32
4 一般動詞の基本的な使い方 ・・・・・・・・・・・・・・・・・・・ 38
5 自動詞と他動詞 ・・・・・・・・・・・・・・・・・・・・・・・・・・・・ 42
ことわざそぞろ歩き① ・・・・・・・・・・・・・・・・・・・・・・・・・ 48

2日目　英語の時制を一気に攻略！

1 一般動詞の過去形 ・・・・・・・・・・・・・・・・・・・・・・・・・・ 50
2 未来形 ・・・・・・・・・・・・・・・・・・・・・・・・・・・・・・・・・・・・ 56
3 進行形 ・・・・・・・・・・・・・・・・・・・・・・・・・・・・・・・・・・・・ 62
4 現在完了形 ・・・・・・・・・・・・・・・・・・・・・・・・・・・・・・・・ 68
5 過去完了形 ・・・・・・・・・・・・・・・・・・・・・・・・・・・・・・・・ 72

ことわざそぞろ歩き② ・・・・・・・・・・・・・・・・・・・・ 78

3日目 英文にはいろんな種類がある！

1. 疑問詞を使った疑問文 ・・・・・・・・・・・・・・・ 80
2. 助動詞を使った文 ・・・・・・・・・・・・・・・・・・ 86
3. 命令文 ・・・・・・・・・・・・・・・・・・・・・・・・・・・ 92
4. 受動態 ・・・・・・・・・・・・・・・・・・・・・・・・・・・ 98
5. 付加疑問文 ・・・・・・・・・・・・・・・・・・・・・・・ 102
ことわざそぞろ歩き③ ・・・・・・・・・・・・・・・・・・ 108

4日目 準動詞をまとめてマスター！

1. 不定詞の名詞的用法 ・・・・・・・・・・・・・・・・ 110
2. 不定詞の形容詞的用法と副詞的用法 ・・・ 116
3. 動名詞 ・・・・・・・・・・・・・・・・・・・・・・・・・・・ 122
4. 分詞 ・・・・・・・・・・・・・・・・・・・・・・・・・・・・・ 128
5. 分詞構文 ・・・・・・・・・・・・・・・・・・・・・・・・・ 132
ことわざそぞろ歩き④ ・・・・・・・・・・・・・・・・・・ 138

5日目 比較を学んで多彩に表現しよう！

1. 比較級 ・・・・・・・・・・・・・・・・・・・・・・・・・・・ 140
2. 最上級 ・・・・・・・・・・・・・・・・・・・・・・・・・・・ 146
3. 同等比較 ・・・・・・・・・・・・・・・・・・・・・・・・・ 152
4. 最上級の書きかえ ・・・・・・・・・・・・・・・・・・ 158

⑤ 比較の慣用表現・・・・・・・・・・・・・・・・・・・・・・・・・・・・・162
　ことわざそぞろ歩き⑤・・・・・・・・・・・・・・・・・・・・・・・168

6日目 やっかいな関係詞をまとめて整理しよう！

　① 関係代名詞の主格・・・・・・・・・・・・・・・・・・・・・・・・・170
　② 関係代名詞の所有格・・・・・・・・・・・・・・・・・・・・・・・176
　③ 関係代名詞の目的格・・・・・・・・・・・・・・・・・・・・・・・182
　④ 関係代名詞の what・・・・・・・・・・・・・・・・・・・・・・・188
　⑤ 関係副詞・・・・・・・・・・・・・・・・・・・・・・・・・・・・・・・・・192
　ことわざそぞろ歩き⑥・・・・・・・・・・・・・・・・・・・・・・・198

7日目 仮定法を勉強してレベルアップだ！

　① 等位接続詞と従位接続詞・・・・・・・・・・・・・・・・・・200
　② 仮定法過去・・・・・・・・・・・・・・・・・・・・・・・・・・・・・・・206
　③ 仮定法過去完了・・・・・・・・・・・・・・・・・・・・・・・・・・212
　④ 仮定法の慣用表現・・・・・・・・・・・・・・・・・・・・・・・・218
　⑤ 原形不定詞・・・・・・・・・・・・・・・・・・・・・・・・・・・・・・・222

■ 不規則動詞を確認しよう！・・・・・・・・・・・・・・・・・・・228

編集協力●㈱オリンポス
編集協力●㈱スターシップ　鈴木博巳
執筆協力●DSKパーソナルスクール　教科主任　石川秀明
英文校正●クリス・グリースン
本文イラスト●ひろせ森央

・・本書の利用法・・

　本書は、わずか1週間という短期間に得た知識で、日常会話から大学受験にまで対応できる英文が書けるようになる、いわば、「最小の努力で最大の効果」をもたらすことを目的とした短期錬成書です。

　本書は文法単元ごとに、7つの Chapter に分けてあります。各 Chapter はそれぞれ5単元で構成されており、さらに各単元ごとに「解説編」「暗唱例文編」「練習英作文編」の3部構成で1日5講義（単元）、1週間で35単元を習得できるように構成されています。

　では、本編を中心に本書の利用法を説明していきましょう。

準備　英語の基礎の基礎を全部確認！

　この章は、「品詞の確認」「文法用語の確認」「代名詞の確認」の3パートから構成されています。

　それぞれ本書を理解する上で、最低限の必要な知識を網羅してありますので、熟読・暗唱してください。

Chapter の構成

　本編です。Chapter は1日目から7日目までで、それぞれ5単元ずつ合計35単元で構成されています。

　各単元ごとの利用法を説明していきましょう。

解説編

　ここでは、その時間に学習する単元を、文法や語法面から理解します。これらの中には大学入試にまで対応できる内容も含まれていますが、英語特有の難しい内容も、やさしく、詳しく解説されていますので、安心して読み進めることができます。もし、わからない言葉が出てきたら、前の単元へ戻って確認してみましょう。みなさんはこの解説を熟読し、理解できたら次のページへ進んでください。

暗唱例文編

　「解説編」で理解して得た知識を運用するためには、例文を暗唱する必要があります。ここでは、「解説編」に出た例文を中心に、英文を書くために必要な基本例文を、「そのまま使える暗唱例文ベスト10」としてまとめてあります。

　みなさんはこの例文を暗唱し、書いてみてください。実際に書いてみると、単語のつづりも覚えますし、さらに、暗唱していただけでは気づかなかった疑問点もわいてきます。そしたら再び「解説編」に戻って確認してみてください。この繰り返しがみなさんの英語力を、知らず知らずのうちに増強させていくのです。例文を暗唱できたら、次の英作文へ進んでください。

練習英作文編

　いよいよ最終ページです。みなさんがその時間で得た運用能力を、英作文で試してみましょう。「暗唱例文編」で暗唱した例文をもとに、10題の日本文を「練習英作文ベスト10」としてまとめてあります。問題を解きやすいように、HINTS

を載せましたが、さらに深く理解したいときは、「和英辞典」などをどんどん使って自分で確認してみましょう。

辞書を引くと、目的の単語以外にもさまざまな知識が得られるものです。そしてそれが、みなさんの英語に対する知的欲求をさらに高めていくことでしょう。

なお、英作文は2つの項目でまとめられた箇所が一部あります。

不規則 動詞表

巻末に「不規則動詞活用表」を載せておきました。この不規則動詞の暗唱は、英語を習得する上で、避けて通ることのできないものであり、算数でいえば、九九に相当するものです。一度にすべてを暗記する必要はありませんが、ことあるごとにページを開いてみてください。

本書で使っている 記号一覧

S	⇒ 主語
V	⇒ 動詞
O	⇒ 目的語
C	⇒ 補語
M	⇒ 修飾語
Vp	⇒ 過去形
Vpp	⇒ 過去分詞形
Ving	⇒ 動名詞、現在分詞形
to V	⇒ 不定詞
SV	⇒ 文、節（主語＋動詞）

準備

英語の基礎の基礎を全部確認!

1 品詞を確認しよう

名詞
形容詞
副詞
前置詞
間投詞

2 文法用語を確認しよう

主語
目的語
補語
修飾語
語・句・文・節

3 代名詞を確認しよう

人称代名詞表

① 品詞を確認しよう

品詞の中でも、代名詞や動詞など別頁で扱っているものはそちらに譲り、ここではどこにも登場しない品詞だけを見ていきましょう。

＊名詞

名詞は「ものの名前」を表す品詞です。数えられる名詞（可算名詞）と数えられない名詞（不可算名詞）に分かれます。可算名詞は a がついたり、複数形（最後に - s や - es をつける）になったりしますが、不可算名詞は a がついたり複数形にはなったりしないので注意しましょう。

　　可算名詞　⇒ **a desk**「机」、**cats**「猫」
　　不可算名詞 ⇒ **love**「愛」、**courage**「勇気」

＊形容詞

形容詞は、直接に、あるいは間接に名詞を修飾する品詞です。

　　名詞を直接修飾 ⇒ **a pretty flower**
　　　　　　　　　　「可愛い花」
　　名詞を間接修飾 ⇒ **The flower is pretty .**
　　　　　　　　　　「その花は可愛い。」

＊副詞

副詞は名詞以外（動詞や形容詞、文全体など）を修飾する品詞です。

形容詞を修飾 ⇒ a very clever boy
「とてもかしこい少年」

動詞を修飾 ⇒ I know her well .
「彼女をよく知っている。」

＊前置詞

前置詞は、直後の名詞と連結して、形容詞や副詞の働きをする品詞です。

形容詞の働き ⇒ a book on the desk「机上の本」
副詞の働き ⇒ I swim in the river.
「私は川で泳ぎます。」

＊間投詞

喜びや悲しみ、驚きなどの感情を表す語で、独立して用いられます。

Oh , how happy I am!
「ああ、私はなんて幸せなのでしょう！」
Alas , he died.
「ああ、彼は死んでしまった。」

2 文法用語を確認しよう

＊主語

主語は「～は、～が」にあたる言葉で、通常は文頭に置かれます。名詞相当語句が主語になり、アルファベットの S で表されます。

主語 ⇒ Birds fly.「鳥は飛びます。」

＊目的語

目的語は「～を、～に」にあたる言葉で、主語と同じように、名詞相当語句がきます。アルファベットの O で表されます。

目的語 ⇒ I know Tom .「私はトムを知っています。」

＊補語

補語は主語や目的語を説明する言葉です。名詞や形容詞に相当する語句が補語になり、主語や目的語とイコールの関係になっています。アルファベットでは C で表されます。

補語 ⇒ He is a teacher .「彼は先生です。」
**　　　I made her happy .「私は彼女を幸せにした。」**

＊修飾語

修飾語はさまざまな品詞や、文そのものを飾る言葉です。形容詞や副詞相当語句が修飾語になり、アルファベットの M で表されます。

修飾語 ⇒ **Happily** he did not die.
「運良く彼は死ななかった。」

*語・句・文・節

「語」とは1単語のことです。「句」は単語が2語以上集まって、あるまとまった意味を表しますが、その中に「主語＋動詞」を含まない言葉のことです。「文」とは大文字の単語ではじまり、ピリオドが打たれるまでのすべてを指します。「節」は「文」の中にある、さらに小さな「主語＋動詞」のかたまりをいいます。

語 ⇒ **mountain**「山」
句 ⇒ I like **to swim**.「私は泳ぐことが好きです。」
文 ⇒ **Summer is hot, but winter is cold.**
　　　「夏は暑いが、冬は寒い。」
節 ⇒ **Summer is hot**, but winter is cold.
　　　「夏は暑いが、冬は寒い。」
　　　Summer is hot, but **winter is cold**.
　　　「夏は暑いが、冬は寒い。」

3 代名詞を確認しよう

*人称代名詞表

人称	数	人称代名詞			所有代名詞	再帰代名詞
		主格 〜は 〜が	所有格 〜の	目的格 〜を 〜に	〜のもの	〜自身
1人称	単数 複数	I we	my our	me us	mine ours	myself ourselves
2人称	単数 複数	you you	your your	you you	yours yours	yourself yourselves
3人称	単数 複数	he she it they	his her its their	him her it them	his hers — theirs	himself herself itself themselves

名詞はすべて、人称代名詞で言いかえられます。
具体例で確認してみましょう。

Tom	⇒ he
Mary	⇒ she
the book	⇒ it
my pen	⇒ it
cats	⇒ they

　この表はこれから英語の勉強を進めていく上で、絶対に必要なものなので、リズムよく暗記してください。

1日目

動詞がわかれば英文がわかる！

英文法では動詞が一番大切な要素となります。
したがってみなさんにとっては、
この1日目の講義が「これからの学習のKeyになる」
と言っても過言ではありません。
そういう意味で、これから一緒に頑張っていきましょう。
みなさんの「英語をモノにしよう！」という
強い意志を期待しています。

---

1. be動詞と一般動詞

2. be動詞の否定文と疑問文

3. be動詞の過去形

4. 一般動詞の基本的な使い方

5. 自動詞と他動詞

1 be動詞と一般動詞

・・動詞の種類・・

動詞には大きくわけて、be動詞と一般動詞があります。be動詞は、「～である、～だ」という意味で、算数でいえば、＝（イコール）と同じ意味を表します。具体的には、is、am、areの3つを指しますが、例文で確認してみましょう。

I am a student.「私は生徒です。」

この文では、「私＝生徒」という関係になっていますね。このbe動詞の後ろには、名詞や形容詞などが続きます。

次に一般動詞ですが、be動詞以外の動詞はすべて一般動詞となります。具体的には、sing「歌う」、study「勉強する」、play「遊ぶ」などですが、数え切れないほどありますね。

ではなぜ、be動詞と一般動詞の区別が重要なのでしょうか。それは、文の作り方がこの2つの動詞では大きく違ってくるからです。これをあいまいに考えてしまうと、いつまでたっても正しい英文は書けるようになりません。

まずはbe動詞から勉強していきましょう。

••be 動詞の用法••

be というのは、原形、つまり元の形のことですが、実際の英文では、be という原形のままで使われることはほとんどありません。なぜなら動詞は主語に連動するので、主語が変化すれば、動詞も一緒にかわっていくからです。

みなさんは次の（　）に入る be 動詞がわかりますか？

I （　　）　we（　　）　you（　　）
they（　　）　he（　　）
she（　　）　it（　　）

これらの主語は人称代名詞と呼ばれるものです。そしてすべての名詞は、この人称代名詞のいずれかに分類されるのです。18 ページの人称代名詞表を見ながら考えてみてください。

たとえば、you and I（あなたと私）は、we（私たち）に相当しますね。he and she（彼と彼女）であれば they（彼ら）に、Tom（トム）であれば he（彼）に、cats（猫たち）であれば they（それら）になります。そして、その人称代名詞につく、現在を表す be 動詞は、is、am、are の 3 つだけなのです。

まず、I には am がつきます。we、you、they には are が、he、she そして it には is を使います。これは決まりごとなので、このまま覚えるしかありません。ぜひ声に出して何度も読んでみてください。

I ⇒ am
we / you / they ⇒ are
he / she / it ⇒ is

そのまま使える暗唱例文ベスト10

覚えておくと、とっさのときにそのまますぐに使えます。
くり返し声に出して覚えましょう。

次の英文を暗唱しましょう。

- [ ] **1.** I am a student.
- [ ] **2.** We are students.
- [ ] **3.** You are a student.
- [ ] **4.** You are students.
- [ ] **5.** They are students, too.
- [ ] **6.** They are cats.
- [ ] **7.** He is a teacher.
- [ ] **8.** She is a pianist.
- [ ] **9.** It is a book.
- [ ] **10.** It is fine today.

● そのまま使える暗唱例文ベスト10 ●

主語によって使われる be 動詞が違うので、知識があいまいなときは 18 ページの人称代名詞表で確認しましょう。

日本語訳

☐ **1.** 私は生徒です。

☐ **2.** 私たちは生徒です。

☐ **3.** あなたは生徒です。

☐ **4.** あなたたちは生徒です。

☐ **5.** 彼らも生徒です。

☐ **6.** それらは猫です。

☐ **7.** 彼は先生です。

☐ **8.** 彼女はピアニストです。

☐ **9.** それは本です。

☐ **10.** 今日は晴れています。

● 練習英作文ベスト10 ●

次の日本文を英文に訳してみましょう。

☐ **1.** 私は生徒です。

☐ **2.** 私たちも生徒です。

☐ **3.** あなたは先生です。

☐ **4.** あなたたちも先生です。

☐ **5.** 彼は野球選手です。

☐ **6.** 彼女は歌手です。

☐ **7.** それは雑誌です。

☐ **8.** 今日は曇りです。

☐ **9.** 彼らは店員です。

☐ **10.** 彼らは親切です。

HINTS

1. 「生徒」は student です。生徒は名詞なので前に a をつけます。
2. 「～も」は文末に「,」を打って too をつけます。
3. 「先生」は teacher ですね。これも名詞なので前に a をつけます。
4. 「あなたたち」も「あなた」も同じ you を使います。
5. 「野球選手」は baseball player です。名詞なので a をつけます。
6. 「歌手」は singer ですね。これも名詞です。
7. 「雑誌」は magazine です。
8. 天候の話は It を主語にします。「曇り」は cloudy で形容詞です。
9. 「店員」は shop assistant です。ここでは名詞を複数形にします。
10. 「親切な」は kind です。形容詞なので a はつきません。

解答例
1. I am a student.
2. We are students, too.
3. You are a teacher.
4. You are teachers, too.
5. He is a baseball player.
6. She is a singer.
7. It is a magazine.
8. It is cloudy today.
9. They are shop assistants.
10. They are kind.

2 be 動詞の否定文と疑問文

•• be 動詞の否定文 ••

みなさんは1時間目に、I am a student.「私は生徒です。」という文を学習しました。この文のように、「~です、~である」という意味を表す文を「肯定文」、反対に「~ではない」という打消しの意味を表す文を「否定文」といいます。さらに、「~ですか」のような相手に問いかける文を「疑問文」と呼びます。

2時間目では、このような否定文や疑問文を作ってみましょう。

ではまず「be 動詞を使った否定文」はどのようにすればよいのでしょう。これは非常に簡単です。be 動詞の後ろに not を置くだけでできあがりです。たとえば、You are a teacher.「あなたは先生です。」という肯定文を否定文で表してみましょう。

You are not a teacher.
「あなたは先生ではありません。」

このように、機械的に行えばよいので簡単ですね。しかしいつも are not であるとは限りません。代名詞によっては is not になることもあります。それぞれ短縮形もあるので、慣れるまでは注意しましょう。

are not ⇒ aren't
is not ⇒ isn't

●●be 動詞の疑問文●●

次に「be 動詞を使った疑問文」ですが、否定文に負けず劣らず簡単なのでぜひ覚えてください。

疑問文の作り方は、主語と be 動詞の順番を逆にすればよいのです。

先ほどの You are a teacher.「あなたは先生です。」という文を疑問文で表してみましょう。

Are you a teacher?「あなたは先生ですか。」

疑問文の場合は文末に"?"マークをつけてください。そしてもう1つ、疑問文を読むときには、文の最後を上げ調子で読みましょう。これで終了です。

そのまま使える暗唱例文ベスト10

覚えておくと、とっさのときにそのまますぐに使えます。
くり返し声に出して覚えましょう。

次の英文を暗唱しましょう。

☐ **1.** You are not(= aren't) a teacher.

☐ **2.** Are you a teacher?

☐ **3.** He is not(= isn't) a pilot.

☐ **4.** Is he a pilot?

☐ **5.** We are not(= aren't) students.

☐ **6.** Are we students?

☐ **7.** They are not(= aren't) doctors.

☐ **8.** Are they doctors?

☐ **9.** She is not(= isn't) fine.

☐ **10.** Is she fine?

● そのまま使える暗唱例文ベスト10

be動詞を使った否定文はbe動詞の後にnotを置き、疑問文は文頭にbe動詞を置けばOKです。

日本語訳

□ **1.** あなたは先生ではありません。

□ **2.** あなたは先生ですか。

□ **3.** 彼はパイロットではありません。

□ **4.** 彼はパイロットですか。

□ **5.** 私たちは生徒ではありません。

□ **6.** 私たちは生徒ですか。

□ **7.** 彼らは医者ではありません。

□ **8.** 彼らは医者ですか。

□ **9.** 彼女は元気ではありません。

□ **10.** 彼女は元気ですか。

練習英作文ベスト10

次の日本文を英文に訳してみましょう。

☐ 1. 私は医者ではありません。

☐ 2. あなたは歌手ですか。

☐ 3. 私たちは忙しくはありません。

☐ 4. あなたたちは学生ですか。

☐ 5. 彼は怒っていません。

☐ 6. 彼女は元気ですか。

☐ 7. 地球は平らではありません。

☐ 8. あなたは今、お腹が空いていますか。

☐ 9. その川はきれいではありません。

☐ 10. 彼は格好よいですか。

HINTS

1. 「医者」は doctor です。名詞なので a をつけます。
2. 「歌手」は singer ですね。つづりに気をつけましょう。
3. 「忙しい」は busy で、形容詞です。
4. 主語は複数なので、学生も複数にします。
5. 「怒っている」という形容詞は angry です。
6. 「元気な」という形容詞は fine でOK。
7. 「地球」は The earth、「平らな」は flat を使います。
8. 「お腹が空いている」は hungry、「今」は now で文末に置きます。
9. 「その川」は The river、「きれいな」は clean を使いましょう。
10. 「格好よい」という形容詞は good-looking です。

解答例
1. I am not a doctor.
2. Are you a singer?
3. We are not (= aren't) busy.
4. Are you students?
5. He is not (= isn't) angry.
6. Is she fine?
7. The earth is not (= isn't) flat.
8. Are you hungry now?
9. The river is not (= isn't) clean.
10. Is he good-looking?

3 be 動詞の過去形

● ● 2種類の過去形 ● ●

みなさんは1、2時間目で be 動詞を使って、現在形のさまざまな状態の表現方法を学習しました。しかし時間に幅のある表現を学ぶと、英語がもっと楽しくなります。

この講義では過去形を学習してみましょう。be 動詞の過去形は、現在形よりもさらに簡単です。現在形の be 動詞は3種類（is、am、are）でしたが、過去形は2種類しかありません。まずはそれらを公式としてまとめておきましょう。

am / is ⇒ was
are ⇒ were

これらの be 動詞を何度も声に出して覚えてください。さらにこれを18ページの人称代名詞表で確認してみましょう。

覚えられたと思ったら、次の（　）の中に適する過去形の be 動詞を入れてみてください。

I 　（　　　）　we （　　　）　you （　　　）
they（　　　）　he （　　　）
she （　　　）　it （　　　）

さあ、できましたか。

答えは we、you、they の3語が were、そして残りはすべて was です。現在形に相当する be 動詞の過去形を入れればよいのですから簡単ですね。

これでみなさんが表現できる動詞の幅は、現在から過去へと広がりました。

●・過去形の疑問文と否定文・●

次に「過去形の be 動詞の否定文と疑問文」の作り方はどうすればよいのでしょう。

例文を使って説明してみましょう。

肯定文 ⇒ **You were a student.**
「あなたは生徒でした。」

否定文の作り方は現在形の時と同じく、be動詞の後にnotを置くだけでOKです。また、疑問文も現在形と同じように、be動詞を文頭に置くだけでよいのです。

だから上記の例文はそれぞれ次のようになりますね。

否定文 ⇒ **You were not a student.**
「あなたは生徒ではありませんでした。」

疑問文 ⇒ **Were you a student?**
「あなたは生徒でしたか。」

どうですか、簡単ですね。しかしいくつか注意点もあります。まず、be動詞の否定文では現在形と同様に、過去形にも省略形があるので気をつけましょう。

was not ⇒ wasn't

were not ⇒ weren't

実際の英文では、省略形のほうがよく使われるので覚えてください。

次に疑問文ですが、これも現在形と同じで、文末に"？"マークをつけ忘れないようにしてください。そして疑問文なので、文末は上げ調子で読みます。

● そのまま使える暗唱例文ベスト10 ●

覚えておくと、とっさのときにそのまますぐに使えます。
くり返し声に出して覚えましょう。

次の英文を暗唱しましょう。

☐ **1.** I was a student.

☐ **2.** You were a student, too.

☐ **3.** Was he a teacher?

☐ **4.** He was not(= wasn't) a teacher.

☐ **5.** She was not(= wasn't) sleepy.

☐ **6.** Was Mary beautiful?

☐ **7.** Tom and Mary were hungry.

☐ **8.** Were they busy?

☐ **9.** They were young.

☐ **10.** We were not(= weren't) young.

● そのまま使える暗唱例文ベスト10

be 動詞の過去形は was と were の2種類だけです。使いわけは現在形よりも簡単ですので、しっかり覚えましょう。

日本語訳

- □ **1.** 私は生徒でした。
- □ **2.** あなたも生徒でした。
- □ **3.** 彼は先生でしたか。
- □ **4.** 彼は先生ではありませんでした。
- □ **5.** 彼女は眠くはありませんでした。
- □ **6.** メアリーは美人でしたか。
- □ **7.** トムとメアリーはお腹を空かしていました。
- □ **8.** 彼らは忙しかったのですか。
- □ **9.** 彼らは若かった。
- □ **10.** 私たちは若くはなかった。

● 練習英作文ベスト10 ●

次の日本文を英文に訳してみましょう。

☐ 1. 私は教師でした。

☐ 2. あなたは弁護士でしたか。

☐ 3. 私たちは疲れてはいませんでした。

☐ 4. 彼は歌手でした。

☐ 5. 彼女は太っていましたか。

☐ 6. それは夢でした。

☐ 7. その車は汚れていませんでした。

☐ 8. 朝は晴れていました。

☐ 9. 昨日は曇りでしたか。

☐ 10. その猫は茶色ではありませんでした。

HINTS

1. 「教師」は teacher ですね。名詞だから a をつけます。
2. 「弁護士」は lawyer です。これも a をつけます。
3. 「疲れている」は形容詞で、tired を使います。
4. 「歌手」は singer でしたね。a を忘れずに。
5. 「太っている」は形容詞で、fat を使いましょう。
6. 「夢」は dream ですね。a をつけてください。
7. 「その車」は The car、「汚れている」は dirty です。
8. 主語は It を使います。「朝は」は in the morning です。
9. 主語は It です。「曇り」は cloudy で OK。
10. 「その猫」は The cat、「茶色」は brown ですね。

解答例
1. I was a teacher.
2. Were you a lawyer?
3. We were not (= weren't) tired.
4. He was a singer.
5. Was she fat?
6. It was a dream.
7. The car was not (= wasn't) dirty.
8. It was fine in the morning.
9. Was it cloudy yesterday?
10. The cat was not (= wasn't) brown.

4 一般動詞の基本的な使い方

●●一般動詞の肯定文●●

この講義では一般動詞の基本的な使い方を学習しましょう。まず、動詞の位置ですが、通常は主語の直後に置きます。

I play tennis.「私はテニスをします。」

この文では、主語 I の次に動詞 play がきていますね。

では、一般動詞の用法は be 動詞と同じなのでしょうか。答えは「ノー」です。一般動詞は、同じ動詞でも2種類存在します。次の例文を見てください。

We play tennis.「私たちはテニスをします。」
He plays tennis.「彼はテニスをします。」

さあ、違いがわかりましたか。同じ play という動詞であっても、下の例文には、- s がついていますね。違いの原因はどこにあるのでしょうか。それは主語にあります。

人称代名詞の中でも、he、she、it の3つは「3人称単数」と呼ばれ、これらが主語になるときは、動詞に - s をつけるきまりになっているのです。

●●一般動詞の否定文と疑問文●●

主語が、3人称単数のときと、そうでないときとでは、否定文や疑問文にも大きな違いが生じます。次の例文で研究してみましょう。まずは否定文からです。

You play tennis.「あなたはテニスをします。」

という文を否定文にすると、

You do not play tennis.
「あなたはテニスをしません。」

となります。否定文のほうは動詞 play の前に、お助け言葉 do が、登場しています。さらに do の直後に not を置いて動詞を打ち消しているのです。つまり一般動詞の否定文の公式は、

主語＋ do ＋ not ＋動詞の原形．

ということになりますね。そして主語が3人称単数のとき、do が does にかわります。

これを例文で確認してみましょう。

He plays tennis.「彼はテニスをします。」
He does not play tennis.「彼はテニスをしません。」

さらに、この do not や does not にもそれぞれ短縮形があるので、注意が必要です。

do not ⇒ don't
does not ⇒ doesn't

次に、疑問文を見てみましょう。疑問文も否定文と同様に、お助け言葉を使います。公式としては、

Do ＋主語＋動詞の原形？

という形になります。さらに否定文と同様に、主語が3人称単数のときは Do を Does にかえればOKです。これを例文で確認してみましょう。

Do you play tennis?
「あなたはテニスをしますか。」
Does he play tennis?
「彼はテニスをしますか。」

どうですか。とても簡単ですね。

そのまま使える暗唱例文ベスト10

覚えておくと、とっさのときにそのまますぐに使えます。
くり返し声に出して覚えましょう。

次の英文を暗唱しましょう。

- □ **1.** I play tennis.

- □ **2.** You play tennis, too.

- □ **3.** We do not(= don't) play basketball.

- □ **4.** Do they play basketball?

- □ **5.** He plays baseball.

- □ **6.** Does she play baseball, too?

- □ **7.** She does not(= doesn't) play baseball.

- □ **8.** Tom swims in the pool.

- □ **9.** Mary sings songs.

- □ **10.** The dog runs in the park.

そのまま使える暗唱例文ベスト10

一般動詞を使うときは、3人称単数の主語に気をつけましょう。否定文、疑問文ともに does を使いましたね。

日本語訳

☐ **1.** 私はテニスをします。

☐ **2.** あなたもテニスをします。

☐ **3.** 私たちはバスケットボールをしません。

☐ **4.** 彼らはバスケットボールをしますか。

☐ **5.** 彼は野球をします。

☐ **6.** 彼女も野球をしますか。

☐ **7.** 彼女は野球をしません。

☐ **8.** トムはプールで泳ぎます。

☐ **9.** メアリーは歌を歌います。

☐ **10.** その犬は公園を走ります。

5 自動詞と他動詞

●・自動詞・●

みなさんが4時間目で学んだ一般動詞は、全部同じ種類に思えますが、実は、自動詞と他動詞という2種類にわかれているのです。

自動詞というのは、簡単に説明すると、その動詞の後ろに何もつけなくても、文として成立する動詞のことです。例文で確認してみましょう。

I swim.「私は泳ぎます。」

この文は、動詞 swim で終わっていても、文として成立していますね。したがってこの動詞は自動詞である、といえるわけです。

では、自動詞の後ろには何かをつけてはいけないのでしょうか。

いいえ、そんなことはありません。修飾語句なら、つけてもよいのです。次の例文を見てください。

I swim in the river.「私は川で泳ぎます。」

動詞 swim の後に、in the river「川で」というフレーズ(句)が続いていますね。しかしこれは、動詞にかかる修飾語なので、この swim も自動詞、といえるわけです。

●・他動詞・●

次は他動詞です。他動詞というのは、その動詞の後に名詞が続いていて、その名詞がないと、文として成立しない動詞

のことです。たとえば、

I know (　　　　).
「私は（　　　　）を知っています。」

おわかりのように、know の後には「何を」知っているのか、という対象となる名詞が続かないと、文として完結しませんね。

このような、「〜を、〜に」に相当する、対象となる名詞のことを目的語といいます。

では、すべての一般動詞は自動詞と他動詞のどちらかになるのでしょうか。これは難しい質問です。なぜなら、ほとんどの動詞がその両方の意味を持っているからです。

たとえば、leave という単語があります。「出発する」という意味のときは、それだけで文として成立するので、自動詞ということになりますが、「置いていく」という意味のときは、「何を」置いていくのかという対象となる目的語がないと、文としては成立しないので、他動詞ということになります。

ですからみなさんは、動詞の用法に慣れるまで常に辞書で確認するとよいでしょう。辞書を引くことが習慣になると、思わぬ情報を得られたりして、結構楽しいものです。

● そのまま使える暗唱例文ベスト10 ●

覚えておくと、とっさのときにそのまますぐに使えます。
くり返し声に出して覚えましょう。

次の英文を暗唱しましょう。

☐ **1.** I swim in the pool.

☐ **2.** You stay at the hotel.

☐ **3.** He lives in the house.

☐ **4.** She goes to the restaurant.

☐ **5.** We go to the restaurant, too.

☐ **6.** Birds fly in the sky.

☐ **7.** They study mathematics.

☐ **8.** Tom knows Cathy.

☐ **9.** He eats breakfast.

☐ **10.** Andy and Cathy know each other.

そのまま使える暗唱例文ベスト10

自動詞と他動詞は慣れない間は辞書で確認するようにしましょう。慣れてくると、語と語の結びつきがわかってきます。

日本語訳

□ **1.** 私はプールで泳ぎます。

□ **2.** あなたはそのホテルに泊まります。

□ **3.** 彼はその家に住んでいます。

□ **4.** 彼女はそのレストランに行きます。

□ **5.** 私たちもそのレストランへ行きます。

□ **6.** 鳥は空を飛びます。

□ **7.** 彼らは数学を勉強します。

□ **8.** トムはキャシーを知っています。

□ **9.** 彼は朝食を食べます。

□ **10.** アンディとキャシーはお互いを知っています。

練習英作文ベスト10

次の日本文を1～5は他動詞を、
6～10は自動詞を使って英語で書いてみましょう。

☐ **1.** 私はテニスをします。

☐ **2.** あなたもテニスをします。

☐ **3.** 私たちはバスケットボールをしません。

☐ **4.** 彼らはバスケットボールをしますか。

☐ **5.** 彼は野球をします。

☐ **6.** 私はベッドで寝ます。

☐ **7.** メアリーは公園で遊びます。

☐ **8.** 彼は東京に住んでいます。

☐ **9.** キャシーは台所で料理をします。

☐ **10.** 私たちは海岸へ行きます。

HINTS

1. 「テニスをします」は play tennis で、the をつけません。
2. 「～も」は too を文末に置きます。カンマを忘れずに！
3. スポーツを「する」ときは一般に play を使います。
4. 一般動詞の疑問文では、they の場合は do でしたね。
5. 「彼は」は3人称単数ですね。
6. 「寝ます」は sleep、「ベッドで」は on the bed を使います。
7. 「遊びます」は play、「公園で」は in the park ですね。
8. 「住んでいます」は live、「東京に」は in Tokyo です。
9. 「料理をします」は cook、「台所で」は in the kitchen でOK！
10. 「海岸へ」は to the beach を使います。

解答例
1. I play tennis.
2. You play tennis, too.
3. We don't play basketball.
4. Do they play basketball?
5. He plays baseball.
6. I sleep on the bed.
7. Mary plays in the park.
8. He lives in Tokyo.
9. Cathy cooks in the kitchen.
10. We go to the beach.

ことわざ そぞろ歩き ①

Speech is silver, silence is gold(en).

「雄弁は銀、沈黙は金」

▶このことわざは第2文型のS＋V＋Cが2つ並んでいる構成です。「弁舌を振るう人は銀の価値があるが、黙して語らない人は金の価値がある」という意味ですね。「言わぬは言うにまさる」とも言います。

A friend in need is a friend indeed.

「まさかのときの友こそ真の友」

▶この文も第2文型ですね。in need「窮地(きゅうち)にいる」というフレーズが前の friend を、indeed「本当の」が前の friend をそれぞれ修飾しています。自分が困っているときに助けてくれる友人が本当の友人である、という意味です。「刎頸(ふんけい)の交わり」と言うところでしょうか。

2日目

英語の時制を一気に攻略！

みなさんは1日目で現在形と
be動詞の過去形を学習しましたが、
2日目ではさらに広域な時間関係を学びます。
完了形は日本語にない概念なので
しっかり理解してください。

1 一般動詞の過去形

2 未来形

3 進行形

4 現在完了形

5 過去完了形

1 一般動詞の過去形

・・過去形の肯定文・・

1日目でみなさんは be 動詞の現在形、過去形、および一般動詞の現在形を学習しましたが、ここでは一般動詞の過去形を学びましょう。たとえば、

I play tennis.「私はテニスをする。」

という文の過去形は、

I played tennis.「私はテニスをした。」

となるのですが、違いに気づきましたか。そうですね、動詞に - ed がついていますね。このように、一般動詞の過去形は、be 動詞と同様に、動詞を変化させればよいのです。この例を含めて、過去形へのアプローチは2種類あるので、公式として覚えましょう。

A. 動詞＋ ed（d）⇒ 規則変化

B. eat → ate のように全く形が変わってしまうもの
　　　　　　　　　　⇒ 不規則変化

具体的に例文で見てみましょう。

A. I like dogs. ⇒ I liked dogs.
　　　　　　　　「私は犬が好きでした。」

B. I go to school. ⇒ I went to school.
　　　　　　　　　「私は学校へ行きました。」

Aの規則的に変化する動詞は比較的簡単なのですが、Bのように不規則に変化する動詞は、1つ1つ覚えなければなりません。この不規則動詞変化表は巻末にあるので、常に声に

出して覚えましょう。練習あるのみです。

これを覚えないと先に進めないので、みなさんの強い忍耐力を期待したいところです。

●●過去形の否定文と疑問文●●

過去形の否定文や疑問文はどのように作るのでしょうか。実は、これらは現在形のときよりも簡単なのです。主語によって動詞の形が左右されることはないからです。具体的には、現在形で使われたお助け言葉 do を did（過去形）にするだけでよいのです。

主語が3人称単数（he、she、it）でも did だけでOKです。公式としては、

否定文 ⇒ 主語＋ did not ＋動詞の原形
疑問文 ⇒ Did ＋主語＋動詞の原形？

となります。did は過去を表しますから、後ろは原形だけでよいのです。では、具体例を見てみましょう。

否定文 ⇒ He did not play tennis.
　　　　　「彼はテニスをしませんでした。」
疑問文 ⇒ Did he play tennis?
　　　　　「彼はテニスをしましたか。」

否定文では現在形と同様に短縮形もあります。

did not ⇒ didn't

疑問文では、読むときに文の最後は上げ調子になります。文の最後には"?"マークを忘れないようにしましょう。

● そのまま使える暗唱例文ベスト10 ●

覚えておくと、とっさのときにそのまますぐに使えます。
くり返し声に出して覚えましょう。

次の英文を暗唱しましょう。

☐ **1.** I played tennis.

☐ **2.** You played tennis, too.

☐ **3.** Did you play tennis?

☐ **4.** We did not(= didn't) play tennis.

☐ **5.** He liked dogs.

☐ **6.** Did he like dogs?

☐ **7.** She played the piano.

☐ **8.** She did not(= didn't) play the piano.

☐ **9.** Tom liked swimming.

☐ **10.** Cathy went to the station.

そのまま使える暗唱例文ベスト10

一般動詞の過去形には規則的に変化するものと、不規則に変化するものがありますね。出てきた単語から確実に覚えていきましょう。

日本語訳

□ **1.** 私はテニスをしました。

□ **2.** あなたもテニスをしました。

□ **3.** あなたはテニスをしましたか。

□ **4.** 私たちはテニスをしませんでした。

□ **5.** 彼は犬が好きでした。

□ **6.** 彼は犬が好きでしたか。

□ **7.** 彼女はピアノを弾きました。

□ **8.** 彼女はピアノを弾きませんでした。

□ **9.** トムは水泳が好きでした。

□ **10.** キャシーは駅へ行きました。

練習英作文ベスト10

次の日本文を英文に訳してみましょう。

☐ **1.** 私は野球をしました。

☐ **2.** あなたも野球をしましたか。

☐ **3.** 彼らは野球をしませんでした。

☐ **4.** 彼はピクニックへ行きました。

☐ **5.** 私たちはピクニックへ行きませんでした。

☐ **6.** メアリーもピクニックへ行きましたか。

☐ **7.** アンディは朝食を食べました。

☐ **8.** ボブも朝食を食べましたか。

☐ **9.** トムとメアリーは朝食を食べませんでした。

☐ **10.** 彼らは昨日、フランス語を習いました。

HINTS

1. 「野球をする」は play baseball でしたね。
2. 「〜も」は too を使いますが、「 , 」を忘れないように。
3. 否定文はすべて同じ表現形式ですね。
4. 「ピクニックへ行く」は go on a picnic といいます。
5. 否定文は短縮形を使っても表現できましたね。
6. 疑問文もすべて同じ表現形式です。
7. 「食べる」は eat でも have でも表せます。
8. 「〜も」になっているので注意してください。
9. 主語が複数でも否定文は同じ形式です。
10. 「昨日」は文末へ置きましょう。
    「フランス語」は French です。

解答例
1. I played baseball.
2. Did you play baseball, too?
3. They did not (= didn't) play baseball.
4. He went on a picnic.
5. We did not (= didn't) go on a picnic.
6. Did Mary go on a picnic, too?
7. Andy ate (had) breakfast.
8. Did Bob eat (have) breakfast, too?
9. Tom and Mary did not (= didn't) eat (have) breakfast.
10. They learned French yesterday.

2 未来形

●・未来形の肯定文・●

2時間目は未来の言い方を学習しましょう。

まず、未来を表す公式は2つあるので整理しておきます。

未来形1 ⇒ 主語＋ will ＋動詞の原形
未来形2 ⇒ 主語＋ be 動詞 going to ＋動詞の原形

さらに、具体的な例文で確認しましょう。たとえば、

He plays tennis.「彼はテニスをします。」

という文を2通りの未来形にすると、

未来形1 ⇒ **He will play tennis.**
未来形2 ⇒ **He is going to play tennis.**
　　　　　「彼はテニスをするでしょう。」

となりますね。ここでは一般動詞の文を例に出しましたが、be 動詞があるときは、動詞の原形は、be になります。

次の例文を見てください。

未来形1 ⇒ **He will be a tennis player.**
未来形2 ⇒ **He is going to be a tennis player.**
　　　　　「彼はテニス選手になるでしょう。」

この will は「助動詞」と呼ばれる、いわば、動詞のお助け言葉です。訳し方は、人間の意志とは無関係に起こる未来（単純未来）は「〜するでしょう」、いっぽう、人間の意志によって起こる未来（意志未来）は「〜するつもりです」と訳します。それぞれ文脈によって使い分けましょう。

●●未来形の否定文と疑問文●●

さて、未来形の「否定文」や「疑問文」はどうすればよいのでしょうか。いずれも簡単なので、公式として示しておきます。

否定文 ⇒ 主語＋ will not ＋動詞の原形
疑問文 ⇒ Will ＋主語＋動詞の原形？

これは未来形1のパターンですが、未来形2の場合は、否定文はbe動詞の後にnotをつけ、疑問文はbe動詞を文頭に出せばできあがりです。それぞれのパターンを例文で確認してみましょう。

否定文 ⇒ **He will not play tennis.**
　　　　⇒ **He is not going to play tennis.**
　　　　「彼はテニスをしないでしょう。」
疑問文 ⇒ **Will he play tennis?**
　　　　⇒ **Is he going to play tennis?**
　　　　「彼はテニスをするでしょうか。」

否定文には短縮形もあるので、注意してください。

will not ⇒ won't

疑問文では、読む時には文末を上げ調子で読むということと、文の最後は"?"マークをつけ忘れないようにすることに注意してください。

これで未来形は終了です。何度も声に出して練習しましょう。

そのまま使える暗唱例文ベスト10

覚えておくと、とっさのときにそのまますぐに使えます。
くり返し声に出して覚えましょう。

次の英文を暗唱しましょう。

- ☐ **1.** I will play tennis.
- ☐ **2.** You will play tennis, too.
- ☐ **3.** Will they play tennis?
- ☐ **4.** We will not(= won't) play tennis.
- ☐ **5.** He is going to study Chinese.
- ☐ **6.** Is she going to study Chinese, too?
- ☐ **7.** They are not(= aren't) going to study Chinese.
- ☐ **8.** Tom will sell the car.
- ☐ **9.** Bob is going to buy the car.
- ☐ **10.** It will be fine tomorrow.

● そのまま使える暗唱例文ベスト10 ●

未来形の訳し方には大きくわけて2種類あります。「~するでしょう」と訳す単純未来と「~するつもりです」と訳す意志未来です。

日本語訳

☐ **1.** 私はテニスをするつもりです。
　　・・・・・・・・・・・・・・・・・・・・・・・・・・・・・・・・・・・
☐ **2.** あなたもテニスをするつもりです。
　　・・・・・・・・・・・・・・・・・・・・・・・・・・・・・・・・・・・
☐ **3.** 彼らはテニスをするつもりですか。
　　・・・・・・・・・・・・・・・・・・・・・・・・・・・・・・・・・・・
☐ **4.** 私たちはテニスをするつもりはありません。
　　・・・・・・・・・・・・・・・・・・・・・・・・・・・・・・・・・・・
☐ **5.** 彼は中国語を勉強するつもりです。
　　・・・・・・・・・・・・・・・・・・・・・・・・・・・・・・・・・・・
☐ **6.** 彼女も中国語を勉強するつもりですか。
　　・・・・・・・・・・・・・・・・・・・・・・・・・・・・・・・・・・・
☐ **7.** 彼らは中国語を勉強するつもりはありません。
　　・・・・・・・・・・・・・・・・・・・・・・・・・・・・・・・・・・・
☐ **8.** トムはその車を売るつもりです。
　　・・・・・・・・・・・・・・・・・・・・・・・・・・・・・・・・・・・
☐ **9.** ボブはその車を買うつもりです。
　　・・・・・・・・・・・・・・・・・・・・・・・・・・・・・・・・・・・
☐ **10.** 明日は晴れでしょう。
　　・・・・・・・・・・・・・・・・・・・・・・・・・・・・・・・・・・・

● 練習英作文ベスト10 ●

次の日本文を英文に訳してみましょう。

☐ **1.** 私はサッカーをするつもりです。

☐ **2.** あなたもサッカーをするつもりですか。

☐ **3.** 彼らはサッカーをするつもりはありません。

☐ **4.** 彼は明日、映画を見るつもりです。

☐ **5.** 彼女も映画を見るつもりですか。

☐ **6.** トムはその鞄を買うつもりです。

☐ **7.** メアリーもその鞄を買うつもりです。

☐ **8.** アンディはその鞄を買うつもりはありません。

☐ **9.** 明日は曇りでしょうか。

☐ **10.** 明日は雨でしょう。

HINTS

1. 「サッカーをする」は play soccer です。
2. 疑問文は Will を文頭に出します。
3. 否定文は will の後に not でしたね。
4. 「映画を見る」は see the movie でOK！
5. 「〜も」は too でしたね。
6. 「その鞄」は that bag です。
7. too の前には「,」をつけましょう。
8. 否定文も2種類の言い方がありましたね。
9. 「天候」の話は主語が It になります。「曇り」は cloudy という形容詞でしたね。
10. 「雨が降る」という動詞は rain を使います。

解答例
1. I will (= am going to) play soccer.
2. Will you (= Are you going to) play soccer, too?
3. They will not (= won't, are not going to) play soccer.
4. He will (= is going to) see the movie tomorrow.
5. Will she (= Is she going to) see the movie, too?
6. Tom will (= is going to) buy that bag.
7. Mary will (= is going to) buy that bag, too.
8. Andy will not (= won't, is not going to) buy that bag.
9. Will it (= Is it going to) be cloudy tomorrow?
10. It will (= is going to) rain tomorrow.

3 進行形

・・現在進行形・・

今までみなさんが学習してきた動詞の時制は、「状態や習慣」を表す時制です。たとえば、

I play tennis.「私はテニスをします。」

という文は、毎日テニスを「している」という、習慣的なニュアンスを含んでいます。これから学習する「進行形」は、今この瞬間に「行っている」という、「一時的な動作」を強く表す表現なのです。公式としては次のようになります。

現在進行形 ⇒

　　be 動詞（is、am、are）＋ Ving（現在分詞）
　　「～しているところです。～しています。」

では、具体的な例文で見てみましょう。

He plays tennis.
「彼はテニスをします。」（習慣的な動作）

この文を現在進行形にすると、

He is playing tennis.
「彼は、テニスをしています。」（一時的な動作）

となります。この文では、今、目の前でテニスをしている、という「一時的な動作」が強く強調されています。なお、進行形の「否定文」は be 動詞の後に not をつけてください。「疑問文」は be 動詞を文頭に出せばOKです。

　否定文 ⇒ **He is not playing tennis.**
　　　　　　「彼は今、テニスをしていません。」

疑問文 ⇒ **Is he playing tennis?**
「彼は今、テニスをしていますか。」

● ● **過去進行形** ● ●
　現在進行形のほかに、「過去進行形」というのもあります。これは難しく考える必要はありません。現在形の be 動詞（is、am、are）を過去形の be 動詞（was、were）に置きかえるだけでよいのです。

過去進行形 ⇒
　　be 動詞（was、were）＋ Ving（現在分詞）
　　「〜しているところでした。〜していました。」

　具体的な例文で確認してみましょう。

He was playing tennis.
「彼はテニスをしていました。」

「否定文」や「疑問文」の作り方も現在進行形と同様に考えてください。

否定文 ⇒ **He was not playing tennis.**
「彼はテニスをしていませんでした。」

疑問文 ⇒ **Was he playing tennis?**
「彼はテニスをしていましたか。」

　現在進行形でも過去進行形でも否定文には短縮形があるので注意しましょう。

is not ⇒ isn't
was not ⇒ wasn't

これで進行形はマスターできましたね。

● そのまま使える暗唱例文ベスト10 ●

覚えておくと、とっさのときにそのまますぐに使えます。
くり返し声に出して覚えましょう。

次の英文を暗唱しましょう。

☐ **1.** I am playing tennis.

☐ **2.** You are playing tennis, too.

☐ **3.** We are not(= aren't) playing tennis.

☐ **4.** Are they playing tennis, too?

☐ **5.** He is reading a book.

☐ **6.** Is she reading a book?

☐ **7.** Mary is not(= isn't) reading a book.

☐ **8.** Tom was taking a bath.

☐ **9.** The dog was not(= wasn't) running in the yard.

☐ **10.** Andy and Mary were eating lunch.

● そのまま使える暗唱例文ベスト10 ●

進行形には大きく分けて2種類ありましたね。「現在進行形」と「過去進行形」です。どちらも be 動詞＋現在分詞を使います。

日本語訳

☐ **1.** 私はテニスをしています。

☐ **2.** あなたもテニスをしています。

☐ **3.** 私たちはテニスをしていません。

☐ **4.** 彼らもテニスをしていますか。

☐ **5.** 彼は本を読んでいます。

☐ **6.** 彼女は本を読んでいますか。

☐ **7.** メアリーは本を読んでいません。

☐ **8.** トムはお風呂に入っていました。

☐ **9.** その犬は庭を走ってはいませんでした。

☐ **10.** アンディとメアリーはお昼を食べていました。

練習英作文ベスト10

次の日本文を英文に訳してみましょう。

☐ **1.** 私は今、野球をしています。

☐ **2.** あなたも野球をしています。

☐ **3.** 私たちは今、野球をしていません。

☐ **4.** 彼らは今、野球をしていますか。

☐ **5.** 彼は今、宿題をしています。

☐ **6.** 彼女は宿題をしていますか。

☐ **7.** キャシーはその時、お風呂に入っていました。

☐ **8.** トムはその時、本を読んでいませんでした。

☐ **9.** その猫はその時、テーブルの下で眠っていましたか。

☐ **10.** アンディとメアリーは今、朝食を食べていません。

HINTS

1. 「野球をする」は play baseball ですね。
2. 「～も」に注意しましょう。
3. 「今」は now で文末に置きます。
4. 疑問文なので be 動詞を文頭に出しましょう。
5. 「宿題をする」は do one's homework といいます。
6. 疑問文ですから be 動詞は文頭に出しますね。
7. 「お風呂に入る」は take a bath といいます。
8. 「その時」は then で、文末に置きましょう。
9. 「テーブルの下で」は under the table でOK！
10. 「朝食を食べる」は eat (have) breakfast といいます。

解答例
1. I am playing baseball now.
2. You are playing baseball, too.
3. We are not playing baseball now.
4. Are they playing baseball now?
5. He is doing his homework now.
6. Is she doing her homework?
7. Cathy was taking a bath then.
8. Tom was not reading a book then.
9. Was the cat sleeping under the table then?
10. Andy and Mary are not eating breakfast now.

4 現在完了形

・・過去形と現在完了形の違い・・

これから扱う現在完了は過去形や進行形とは違って、日本語の概念の中にはないので少し難しく感じられるかもしれませんが、慣れてしまえば大丈夫です。

たとえば、次の文の違いがわかりますか。

A. I ate apples.
B. I have eaten apples.

動詞の形が違いますね。

Aは過去形で、Bは現在完了形といいます。

これらの文を日本語で表現すると、どちらも「私はリンゴを食べました。」という内容になり、ほとんど差はありません。しかし英語では明確な区別があるのです。

Aの過去形は単に、過去に起こったことを伝えているだけなので、極端にいえばリンゴを1カ月前に食べたかもしれないのです。ところがBの現在完了形は、過去に起こった出来事が、今どうなっているのかを伝えています。つまり、過去に起こったときから現在までの途中経過を含めて伝えているのです。ですからBの文の内容は現在と時間的に非常に近いところで起こった出来事、ということがわかりますね。

要するに、過去形は時間的に、過去に起こった「点」で考えるのに対し、現在完了形は現在までの「線」という考え方をしているのです。

・・現在完了形の意味と形式・・

現在完了形は次の3つの意味を表します。

①完了 「今、〜し終わっている。」
②継続 「今までずっと〜している。」
③経験 「今までに〜したことがある。」

これらすべてに共通しているのは、「今」に重点が置かれているということです。

形式についてですが、現在完了形の公式は次のとおりです。

現在完了形 ⇒ have（has）+ Vpp（過去分詞）

主語が3人称単数（he、she、it など）の場合には has を用いますが、それ以外の主語のときは have になります。Vpp とは、過去分詞の意味で、動詞の活用表（例 eat − ate − eaten）の3番目に載っている単語のことです。規則変化をする動詞（例 play − played − played）は - ed (d) をつけるだけでよいのですが、不規則動詞は1つ1つ覚えなければなりません。では、具体的な例文で見ていきましょう。

I play tennis.「私はテニスをします。」

この文を現在完了形で表すと、

I have played tennis.
「私はテニスをしたことがあります。」

否定文は have（has）の後に not をつけます。疑問文は have（has）を文頭に出せばOKです。ただし否定文や疑問文の場合でも過去分詞は原形に戻さないので注意してください。また短縮形もよく使われるので覚えておきましょう。

have not ⇒ haven't　　**has not ⇒ hasn't**

みなさん、理解できましたか。以上で現在完了形は終了です。

そのまま使える暗唱例文ベスト10

覚えておくと、とっさのときにそのまますぐに使えます。
くり返し声に出して覚えましょう。

次の英文を暗唱しましょう。

☐ **1.** I have already read the book.

☐ **2.** You have not(= haven't) read the book yet.

☐ **3.** Have they read the book yet?

☐ **4.** He has already eaten breakfast.

☐ **5.** We have not(= haven't) eaten breakfast yet.

☐ **6.** Has she eaten breakfast yet?

☐ **7.** I have been to the station.

☐ **8.** Have you ever been to Paris?

☐ **9.** Cathy has lived here for five years.

☐ **10.** Tom has lost his pen.

そのまま使える暗唱例文ベスト10

現在完了形が表す意味は3種類ありましたね。完了「すでに〜してしまった。」、経験「〜したことがある。」、そして継続「ずっと〜している。」です。

日本語訳

☐ **1.** 私はすでにその本を読みました。

☐ **2.** あなたはまだその本を読んでいません。

☐ **3.** 彼らはもうその本を読みましたか。

☐ **4.** 彼はすでに朝食を食べました。

☐ **5.** 私たちはまだ朝食を食べていません。

☐ **6.** 彼女はもう朝食を食べましたか。

☐ **7.** 私は駅へ行ってきたところです。

☐ **8.** あなたは今までにパリへ行ったことがありますか。

☐ **9.** キャシーは5年間ここに住んでいます。

☐ **10.** トムは自分のペンをなくしてしまいました。

5 過去完了形

●・現在完了形と過去完了形・●

　現在完了形という時制は、過去に起こった出来事が、現在どのような結果になっているのかを表す時制でしたが、過去のある時点までの完了、継続、経験を表す時制には「過去完了形」が使われます。過去完了形の公式を示してみましょう。

　　過去完了形 ⇒ had + Vpp（過去分詞）

　過去完了形は、主語が何であっても had が使われ、用法も現在完了形とまったく同じなので、現在完了形よりも簡単かもしれません。

　では、具体的に例文を見ていきましょう。

　　現在完了形 ⇒ I have lived here for five years.
　　　　　　　　「私はここに5年間住んでいます。」
　　過去完了形 ⇒ I had lived here for five years.
　　　　　　　　「私はここに5年間住んでいました。」

　さあ、違いがわかりますか。現在完了形は、5年前に住んだ行為が現在までおよんでいることを表しているのに対し、過去完了形は、過去のあるときまでに5年間住んでいたことを表しています。「現在完了を単純に過去に移行したものが過去完了である」と考えればわかりやすいですね。過去完了形にも現在完了形と同じように、「疑問文」も「否定文」もあります。疑問文は had を文頭に出し、否定文は had の後に not をつければできあがりです。

現在完了形と同様、短縮形もあります。

had ⇒ hadn't

••大過去••

過去完了にはもう1つ意味があります。それは「大過去」と呼ばれますが、単純に過去の概念を、さらにもっと前の過去に移した時制です。例文で確認してみましょう。

大過去 ⇒

I lost the watch that my father had given me.
「父が与えてくれた時計を私はなくしました。」

この文が表す時制を考えてみましょう。私が時計をなくしたのは「過去」ですね。

しかし、お父さんが私に時計を与えてくれたのは「過去よりもさらに前=大過去」ということになります。

今日の4、5時間目の講義は時間関係が複雑なので、頭の中が混乱しそうですね。では、まとめて整理してみましょう。

過去形と大過去 ⇒
　ある過去に起こった「点」の概念が「過去形」、さらにその前の過去に起こった「点」の概念が「大過去」

現在完了形と過去完了形 ⇒
　ある過去に起こった出来事が現在にまでおよんでいる「線」の概念が「現在完了形」、それを単純に過去にずらしたのが「過去完了形」

さあ整理できましたね。

● そのまま使える暗唱例文ベスト10 ●

覚えておくと、とっさのときにそのまますぐに使えます。
くり返し声に出して覚えましょう。

次の英文を暗唱しましょう。

☐ **1.** I had lived here for five years until then.

☐ **2.** Had you lived here for five years until then?

☐ **3.** They had not(= hadn't) lived here for five years until then.

☐ **4.** Tom had eaten lunch by 11 o'clock.

☐ **5.** Had Mary eaten lunch by 11 o'clock?

☐ **6.** Andy and Cathy had not(= hadn't) eaten lunch by 11 o'clock.

☐ **7.** I had met him by that time.

☐ **8.** Tom had not(hadn't) met Mary by that time.

☐ **9.** I lost the pen that my father had given me.

☐ **10.** I lent him the book that my mother had bought me.

そのまま使える暗唱例文ベスト10

過去完了には、現在完了の視点をそのまま過去に移した用法と、過去よりさらに前の大過去という2つの用法がありました。

日本語訳

- □ **1.** 私はそのときまで、5年間ここに住んでいました。
- □ **2.** あなたはそのときまで、5年間ここに住んでいましたか。
- □ **3.** 彼らはそのときまで、5年間ここに住んでいませんでした。
- □ **4.** トムは11時までにはお昼を食べていました。
- □ **5.** メアリーは11時までにお昼を食べましたか。
- □ **6.** アンディとキャシーは11時までにお昼を食べませんでした。
- □ **7.** 私はそのときまでに、彼に会ったことがありました。
- □ **8.** トムはそのときまでに、メアリーに会ったことがありませんでした。
- □ **9.** 父が私にくれたペンを、私はなくしました。
- □ **10.** 母が私に買ってくれた本を、私は彼に貸しました。

練習英作文ベスト10

次の日本文を1〜5は現在完了形で、
6〜10は過去完了形を使って英語で書いてみましょう。

☐ **1.** 彼はすでにその新聞を読みました。

☐ **2.** 私はまだその新聞を読んでいません。

☐ **3.** 彼らはもうその新聞は読みましたか。

☐ **4.** トムは5年間ここに住んでいます。

☐ **5.** あなたは今までにカナダへ行ったことがありますか。

☐ **6.** 彼女はその時まで7年間ロンドンに住んでいました。

☐ **7.** 彼はその時までハワイに住んでいたのですか。

☐ **8.** アンディは5時までにここへ来ませんでした。

☐ **9.** メアリーはその時までキャシーに会ったことはありませんでした。

☐ **10.** 祖父が買ってくれた鞄を私はなくしました。

HINTS

1. 「すでに」は already で、has の後ろに置きます。
2. 「まだ」は yet で、文末に置きます。
3. 「もう」も yet で、文末に置きます。
4. 現在までの継続を表します。
5. 「～へ行ったことがある」は have been to ～といいます。
6. 「その時まで」は until then といいます。
7. 継続を表す過去完了ですね。
8. 「～までに」は by ～を使います。
9. 経験を表す過去完了ですね。
10. 大過去を表す過去完了形を使います。

解答例
1. He has already read the newspaper.
2. I have not read the newspaper yet.
3. Have they read the newspaper yet?
4. Tom has lived here for five years.
5. Have you ever been to Canada?
6. She had lived in London for seven years until then.
7. Had he lived in Hawaii until then?
8. Andy had not come here by five o'clock.
9. Mary had not met Cathy until then.
10. I lost the bag which my grandfather had bought me.

ことわざそぞろ歩き 2

Rome was not built in a day.

「ローマは1日にして成らず」

▶「大器晩成」ともいいます。強大なローマ帝国でさえも、長い年月と、努力の積み重ねでできたように、大事業は一朝一夕(いっちょういっせき)には成し遂げられないという意味ですね。過去形の受動態が使われていることに注意しましょう。

I gave the mouse a hole and she has become my heir.

「庇(ひさし)を貸して母屋を取られる」

▶「ハツカネズミに穴を与えたら、私のあととりになってしまった」ということから、恩を仇(あだ)で返されることのたとえですね。過去形と現在完了形が使われています。

3日目

英文には
いろんな種類がある！

2日目では時間の概念を広く捉えましたが、
3日目では表現形式を広く学習していきます。
疑問詞や命令文、付加疑問文など
たくさん出てきますので
しっかり覚えてくださいね。

1 疑問詞を使った疑問文

2 助動詞を使った文

3 命令文

4 受動態

5 付加疑問文

1 疑問詞を使った疑問文

●●**疑問詞の用法**●●

1、2日目でみなさんは動詞の形を勉強してきましたが、ここではさまざまな文の形を学習しましょう。すでに疑問文を学んだので、これから疑問詞を用いた疑問文の講義を行います。たとえば、

「あなたはどこに住んでいますか。」

という英文を作りたいとき、疑問文であることのほかに、「どこに」という情報を聞き出さなければなりません。その際に、疑問詞が必要になってくるのです。この「どこに」に相当する疑問詞が where なのです。

難しそうに思えますが、疑問詞を使った疑問文を作るのはいたって簡単です。公式としては、

疑問詞＋疑問文？

となります。では上記の日本文を英文にしてみましょう。

どこに（= where）＋あなたは住んでいますか（= do you live）？ですから、

Where do you live?

という英文になりますね。

しかしここで気をつけなければならないことが2つあります。1つは、今までの疑問文とは違って、疑問詞を使った疑問文では、文末を下げ調子で読むということです。そしてもう1つは普通の疑問文と同様、文末に"？"マークをつけます。これで完成です！

●●疑問詞の種類●●

ところで疑問詞には、ほかにどのようなものがあるのでしょう。where(どこ)のほかに、when(いつ)、how(どのように)、why(なぜ)などがあります。これらの疑問詞も where のときと同様に、後に疑問文を続けるだけでOKです。

しかし疑問詞はこれらだけではありません。このほかに who（誰）と what（何）があります。この2つの疑問詞には用法が2つあります。1つは前述の疑問詞と同じ、

Who（What）+ 疑問文？

というパターンです。これはもうみなさんわかりますね。

具体例としては、

What do you like?
「あなたは何が好きですか。」

となります。そしてもう1つは、

Who（What）+ Vs?

があります。実はこのパターンは、主語と疑問詞が一致したときに用いるのです。たとえば、

Who plays tennis?
「誰がテニスをするのですか。」

この文では「誰が」という主語と who が一致していますね。なお、このとき、who や what は3人称単数扱いとなりますので、動詞に - s をつけ忘れないようにしましょう。

以上をまとめてみますと、where、when、how、why には1種類の、そして who と what には2種類の疑問文がある、ということになります。

そのまま使える暗唱例文ベスト10

覚えておくと、とっさのときにそのまますぐに使えます。
くり返し声に出して覚えましょう。

次の英文を暗唱しましょう。

- ☐ **1.** Where do you live?

- ☐ **2.** Where does he go?

- ☐ **3.** When does your mother start?

- ☐ **4.** How do they study?

- ☐ **5.** Why is Cathy crying?

- ☐ **6.** Who is it?

- ☐ **7.** What do you like?

- ☐ **8.** What do you do?

- ☐ **9.** Who plays tennis?

- ☐ **10.** What makes him angry?

そのまま使える暗唱例文ベスト10

疑問詞を使った疑問文には2つの用法がありました。1つは、疑問詞＋疑問文、もう1つは疑問詞＋Vsというパターンですね。

日本語訳

☐ **1.** あなたはどこに住んでいるのですか。

☐ **2.** 彼はどこへ行くのですか。

☐ **3.** あなたのお母さんはいつ出発しますか。

☐ **4.** 彼らはどのように勉強していますか。

☐ **5.** なぜキャシーは泣いているのですか。

☐ **6.** どちらさまですか。

☐ **7.** あなたは何が好きですか。

☐ **8.** お仕事は何ですか。

☐ **9.** 誰がテニスをするのですか。

☐ **10.** 何が彼を怒らせていますか。（＝なぜ彼は怒っているのですか。）

練習英作文ベスト10

次の日本文を英文に訳してみましょう。

☐ 1. あなたのお兄さんはどこに住んでいますか。

☐ 2. 学校はいつ始まるのですか。

☐ 3. あなたはどのようにして英語を学んだのですか。

☐ 4. なぜ彼らは欠席しているのですか。

☐ 5. その女の子は誰ですか。

☐ 6. あなたは誰を待っているのですか。

☐ 7. あなたの名前は何ですか。

☐ 8. あなたは何が欲しいのですか。

☐ 9. 誰があなたを待っているのですか。

☐ 10. 彼女に何が起こったのですか。

HINTS

1. 「あなたのお兄さん」は your brother でOK！「住んでいる」は状態なので進行形にしません。
2. 「学校」は school です。「はじまる」は begin または start を使いましょう。
3. 「学ぶ」は learn を使います。この文は過去形になりますね。
4. 「欠席している」は be absent となります。状態なので進行形にはなりませんよ。
5. 主語は「その女の子」ですから、語順に注意しましょう。
6. 「～を待つ」は wait for ～という熟語を使います。この文は進行形になりますね。
7. 主語は「あなたの名前」になりますから、これも語順に気をつけてくださいね。
8. 「欲しい」は want を使います。心理状態を表すので進行形にはなりません。
9. 主語は「誰が」ですから、Who + Vs を使うのでしたね。この文は進行形ですよ。
10. 主語は「何が」なので、What + Vs ですね。「～に起こる」は happen to ～でOK！

解答例

1. Where does your brother live?
2. When does school begin (= start)?
3. How did you learn English?
4. Why are they absent?
5. Who is that girl?
6. Who are you waiting for?
7. What is your name?
8. What do you want?
9. Who is waiting for you?
10. What happened to her?

2 助動詞を使った文

・・助動詞の意味と用法・・

さて、次は助動詞です。助動詞とは動詞を助ける、いわば「お助け言葉」です。たとえば、

I play tennis.
「私はテニスをします。」

という文に、「~できる」というニュアンスを含めた表現をしたい場合、

I can play tennis.
「私はテニスをすることができます。」

のように表します。play の前にある、can に注目してください。この can が「お助け言葉」、すなわち「助動詞」と呼ばれるものなのです。

助動詞の文は、主語によって動詞の形をかえる必要はなく、常に、

can +動詞の原形~
「~することができます」

の形で表せばよいのです。これもぜひ公式として覚えてください。ですからたとえば、上記の例文の I を he に置きかえたとしても、

He can play tennis.
「彼はテニスをすることができます。」

となり、play は変化しないのです。

それでは、助動詞の「否定文」や「疑問文」はどのように表せばよいのでしょうか。否定文は can の後に not を置けばいいのです。したがって、

He can not play tennis.
「彼はテニスをすることができません。」

となりますね。ただし、can not は cannot や can't のように短縮形もあり、実際の英文の中ではこちらのほうが多く使われますので注意してください。

次に疑問文ですが、疑問文も can を主語の前に出すだけでOKです。たとえば前述の例文は、

Can he play tennis?
「彼はテニスをすることができますか?」

となります。文の最後は上げ調子となるので注意してください。

can のほかに助動詞には、

may 〜　　「〜かもしれない」
must 〜　　「〜しなければならない」
should 〜　「〜するべきである」

などがありますが、いずれも後ろは「動詞の原形」がくるので、注意しましょう。

そのまま使える暗唱例文ベスト10

覚えておくと、とっさのときにそのまますぐに使えます。
くり返し声に出して覚えましょう。

次の英文を暗唱しましょう。

☐ **1.** I can play tennis.

☐ **2.** They can play tennis, too.

☐ **3.** You can not(= cannot, can't) play tennis.

☐ **4.** Can she play tennis?

☐ **5.** He may or may not come.

☐ **6.** It may snow this afternoon.

☐ **7.** We must study English.

☐ **8.** You must go to bed now.

☐ **9.** Must I leave at once?

☐ **10.** You should be kind to old people.

そのまま使える暗唱例文ベスト10

助動詞の種類はたくさんあっても、助動詞の後ろは常に動詞の原形がきます。疑問文は助動詞を文頭に、否定文は後ろに not をつけましょう。

日本語訳

☐ **1.** 私はテニスをすることができます。

☐ **2.** 彼らもテニスをすることができます。

☐ **3.** あなたはテニスをすることができません。

☐ **4.** 彼女はテニスをすることができますか。

☐ **5.** 彼は来るかもしれないし来ないかもしれません。

☐ **6.** 今日の午後は雪が降るかもしれません。

☐ **7.** 私たちは英語を勉強しなければなりません。

☐ **8.** あなたはもう寝なければなりません。

☐ **9.** 私はすぐに出発しなければなりませんか。

☐ **10.** あなたは老人に親切にするべきです。

練習英作文ベスト10

次の日本文を英文に訳してみましょう。

☐ 1. 彼はテニスをすることができます。

☐ 2. 彼女は車を運転することができます。

☐ 3. あなたはここで泳ぐことはできません。

☐ 4. 彼らは今日、来ることができますか。

☐ 5. 彼女は怒るかもしれません。

☐ 6. 今夜は雨になるかもしれません。

☐ 7. あなたは数学を勉強しなければなりません。

☐ 8. 私は今、お風呂に入らなければなりません。

☐ 9. 私たちはもう出発しなければなりませんか。

☐10. あなたはゆっくりと話すべきです。

HINTS

1. スポーツを「する」は一般に play を使います。
2. 「車を運転する」は drive a car でOK！
3. これは否定文ですから注意しましょう。「ここで」は here を使います。
4. これは疑問文ですね。「今日」は today ですが、普通は文末に置きます。
5. 「怒る」は get angry という熟語を用いましょう。
6. 天気や時間などを表すときは It を主語にします。「今夜」は tonight です。
7. 「数学」は mathematics になります。
8. 「お風呂に入る」は take a bath といいます。「今」は文末に置きましょう。
9. 「出発する」は leave です。「もう」は now で、文末に。
10. 「ゆっくりと」は slowly を使います。

解答例
1. He can play tennis.
2. She can drive a car.
3. You can not (= cannot, can't) swim here.
4. Can they come today?
5. She may get angry.
6. It may rain tonight.
7. You must study mathematics.
8. I must take a bath now.
9. Must we leave now?
10. You should speak slowly.

3日目 英文にはいろんな種類がある！

3 命令文

•・命令文の種類・•

次は人に命令したり、お願いしたりする場合の表現を学習しましょう。

これらは「命令文」と呼ばれるものです。文字通り、相手に命令したり、お願いしたりする形式ですが、相手を示すYou を省略し、いきなり「動詞の原形」で文を始めます。

たとえば、「テニスをしなさい」でしたら、

Play tennis.

となります。ただこれだけのことですので、非常に簡単ですね。一般動詞を使った命令文は以上の通りですが、be 動詞を使った命令文はどうすればよいのでしょう。

これは is や are を文頭に出すのではなく、be 動詞の原形である be を用いましょう。たとえば、「静かにしなさい」といいたければ、

Be quiet.

とすればよいのです。

かつて札幌農学校(現北海道大学)で、クラーク博士が帰国に際して学生に残した名言、"Boys, be ambitious." 「少年よ、大志を抱け」も Boys, という呼びかけのことばを除けば、be 動詞ではじまる命令文であることがわかりますね。

•・否定の命令文・•

では否定の命令文はどのように作ればよいのでしょうか。

これは文頭の動詞の原形の、さらにその前に Don't をつけます。これを公式化すれば、

Don't ＋動詞の原形 ＝「〜してはいけない」

となります。「ここでテニスをしてはいけない。」でしたら、

Don't play tennis here.

●・柔らかい命令文・●

この命令文をやわらげるには、please を使います。この please を使うことによって、「〜してくださいね」というやわらかい表現になります。please は文頭にも文末にも用いられますが、文末に置く場合は please の前に、カンマをつけましょう。

Please ＋動詞の原形 ＝ 動詞の原形 , please.
「〜してくださいね」

これも公式として覚えましょう。

たとえば、「静かにしてくださいね。」でしたら、

Please be quiet. ＝ Be quiet, please.

となります。さらに、Let's を使った命令文というのがあります。

Let's ＋動詞の原形 ＝「〜しましょう」

という公式になります。「テニスをしましょう。」であれば、

Let's play tennis.

今回はいろいろ出てきたので混乱しそうですが、それだけ表現方法が豊かになるので頑張りましょう。

● そのまま使える暗唱例文ベスト10 ●

覚えておくと、とっさのときにそのまますぐに使えます。
くり返し声に出して覚えましょう。

次の英文を暗唱しましょう。

☐ **1.** Play tennis.

☐ **2.** Don't play tennis.

☐ **3.** Please play tennis.

☐ **4.** Let's play tennis.

☐ **5.** Be quiet.

☐ **6.** Don't be noisy.

☐ **7.** Please be quiet.

☐ **8.** Let's be quiet.

☐ **9.** Play tennis, please.

☐ **10.** Be quiet, please.

そのまま使える暗唱例文ベスト10

命令文は常に「動詞の原形」ではじめます。「動詞の原形」の前に Don't をつければ否定文に、Please をつければやわらかい命令文になりますね。

日本語訳

☐ **1.** テニスをしなさい。

☐ **2.** テニスをしてはいけません。

☐ **3.** テニスをしてください。

☐ **4.** テニスをしましょう。

☐ **5.** 静かにしなさい。

☐ **6.** 騒がしくしてはいけません。

☐ **7.** 静かにしてください。

☐ **8.** 静かにしましょう。

☐ **9.** テニスをしてください。

☐ **10.** 静かにしてください。

練習英作文ベスト10

次の日本文を英文に訳してみましょう。

☐ 1. ピアノを弾きなさい。

☐ 2. ピアノを弾いてはいけません。

☐ 3. 彼のためにピアノを弾いてください。

☐ 4. 毎日ピアノを弾きましょう。

☐ 5. 公園で遊びなさい。

☐ 6. 夜、公園で遊んではいけません。

☐ 7. トムと公園で遊んでください。

☐ 8. いっしょに公園で遊びましょう。

☐ 9. アンディ、静かにしなさい。

☐ 10. メアリー、その本を探してください。

HINTS

1. 「ピアノを弾く」は play the piano です。
2. 「〜してはいけません」は Don't +動詞の原形でしたね。
3. 「〜してください」は Please +動詞の原形となります。
4. 「〜しましょう」は Let's +動詞の原形ですね。
5. 「公園で遊ぶ」は play in the park です。
6. 「夜」は at night で文末に置きます。
7. 「トムと」は with Tom でOK！
8. 「いっしょに」は together です。
9. 「アンディ」は呼びかけなので、カンマを打って、その後が命令文です。
10. 「〜を探す」は look for 〜という熟語を使います。

解答例
1. Play the piano.
2. Don't play the piano.
3. Please play the piano for him.
4. Let's play the piano every day.
5. Play in the park.
6. Don't play in the park at night.
7. Please play with Tom in the park.
8. Let's play together in the park.
9. Andy, be quiet.
10. Mary, please look for the book.

4 受動態

• • 能動態と受動態 • •

日本語では、ある動作を表現するのに、2通りの方法がありますね。いわゆる能動態「〜は〜する」と受動態「〜は〜される」です。そして英語にも日本語と同様に、これらの表現方法があるのです。では、英語ではどのように表せばよいのでしょうか。

次の日本文を例にして考えてみましょう。

A.「私はリンゴを食べる。」
B.「リンゴは私によって食べられる。」

Aの文は能動態、Bの文は受動態ですね。

では、早速英語にしてみましょう。

A. "I eat apples."
B. "Apples are eaten by me."

さあ、両者の違いがわかりますか。まず、Aの文は主語 I があって、他動詞 eat があり、最後に目的語 apples がありますね。この能動態はみなさんが今まで普通に見てきた文なので、抵抗なく受け入れられると思います。

次にBの受動態の文を見てください。主語にAの目的語 apples がきていますね。このように受動態は目的語が主語になるので、能動態の文の中に目的語がないと受動態の文は作れないのです。たとえば、

Birds fly.「鳥は飛ぶ。」

のような文は、主語 Birds と述語 fly しかないので受動態の

文はできないのです。

・・受動態の作り方・・

では、具体的に受動態の文の作り方を説明しましょう。まずは次の公式を見てください。

能動態 ⇒ I eat apples.
　　　　主語＋他動詞＋目的語
受動態 ⇒ Apples are eaten by me.
　　　　目的語＋ be 動詞＋ Vpp ＋ by ＋主語

このように受動態の文は、目的語が主語になり、他動詞は be 動詞＋過去分詞に、主語は by 〜の形にすればOKです。by という前置詞の直後の代名詞は目的格にしてくださいね。ただし一般に、by 〜はないほうが、英文としては自然な場合が多いので、省略することも多いです。

日本語でも一般的な会話の中で、「家が大工さんによって建てられている。」とは言いませんよね。それと同じです。

受動態の疑問文は、be 動詞を文頭に、否定文は not を be 動詞の後ろにそれぞれ置けばOKです。

疑問文 ⇒ Are apples eaten by me?
否定文 ⇒ Apples are not eaten by me.

● そのまま使える暗唱例文ベスト10 ●

覚えておくと、とっさのときにそのまますぐに使えます。
くり返し声に出して覚えましょう。

次の英文を暗唱しましょう。

☐ **1.** Apples are eaten by me.

☐ **2.** Are apples eaten by Tom?

☐ **3.** Apples are not eaten by Cathy.

☐ **4.** He is loved by you.

☐ **5.** They are not loved by him.

☐ **6.** Is he loved by her?

☐ **7.** The picture was painted by Tom.

☐ **8.** Was the pencil used by Cathy?

☐ **9.** The bag was not opened by Nancy.

☐ **10.** The desk and the chair were used by Andy.

そのまま使える暗唱例文ベスト10

受動態の公式は、be 動詞＋過去分詞でしたね。過去分詞は規則的に変化する動詞と不規則に変化する動詞がありますが、まずは出てきた単語から確実に覚えていきましょう。

日本語訳

☐ **1.** リンゴは私によって食べられます。

☐ **2.** リンゴはトムによって食べられますか。

☐ **3.** リンゴはキャシーによって食べられません。

☐ **4.** 彼はあなたによって愛されています。

☐ **5.** 彼らは彼によって愛されていません。

☐ **6.** 彼は彼女によって愛されていますか。

☐ **7.** その絵はトムによって描かれました。

☐ **8.** その鉛筆はキャシーによって使われましたか。

☐ **9.** その鞄はナンシーによって開けられませんでした。

☐ **10.** その机といすはアンディによって使われました。

5 付加疑問文

●●付加疑問文の種類●●

「〜ですね」のように、相手に念を押すような表現を、「付加疑問文」といいます。日本語では理解できるものの、英語ではどのように表せばよいのでしょうか。まず、その文が肯定文なのか否定文なのかを考えてください。

付加疑問文は、「肯定文では否定」を、「否定文では肯定」を使うのです。次に文中の動詞が be 動詞であるのか助動詞であるのか、あるいは一般動詞であるのかを確認します。be 動詞、助動詞であれば、be 動詞や助動詞を、一般動詞であれば、否定文や疑問文に登場する、do、does、did を使います。

最後に主語に相当する人称代名詞をつけて終了です。そしてこの文はあくまでも疑問文なので、文末に"?"をつけてください。

では、具体的に次の例文でいっしょに確認してみましょう。

You play tennis.「あなたはテニスをします。」

この文を付加疑問文にしてみます。これは肯定文なので、否定の付加疑問文となります。次に一般動詞が使われていて、主語が you なので、do の否定の don't を使えばよいことがわかります。最後に主語に相当する人称代名詞を使いますが、you は人称代名詞ですから、you のままです。結局この例文は、

You play tennis, don't you?
「あなたはテニスをしますね。」

となります。主語が he であれば doesn't を、過去形であれば didn't を使いましょう。例文を見てわかる通り、don't の前にカンマ（,）をつけてくださいね。

•• be 動詞と助動詞の付加疑問文 ••

では、be 動詞や助動詞の付加疑問文はどうすればよいのでしょうか。

これも一般動詞のときと同様に考えればよいのです。たとえば、

You are a teacher.「あなたは先生です。」

という文を付加疑問文にしたいのなら、肯定文のときは否定を、be 動詞のときは be 動詞を使うことを思い出してください。

ですから例文は、

You are a teacher, aren't you?
「あなたは先生ですね。」

となりますね。助動詞なら、

You can play tennis, can't you?
「あなたはテニスができますね。」

となるわけです。

さあ、これで3日目の講義は終了です。あとは何度も復習して、例文を暗唱してみましょう。

● そのまま使える暗唱例文ベスト10 ●

覚えておくと、とっさのときにそのまますぐに使えます。
くり返し声に出して覚えましょう。

次の英文を暗唱しましょう。

☐ **1.** You play tennis, don't you?

☐ **2.** You don't play tennis, do you?

☐ **3.** You are a teacher, aren't you?

☐ **4.** You aren't a teacher, are you?

☐ **5.** He can play baseball, can't he?

☐ **6.** He can't play baseball, can he?

☐ **7.** Cathy goes shopping, doesn't she?

☐ **8.** Tom doesn't see the movie, does he?

☐ **9.** Andy and Nancy are not students, are they?

☐**10.** The dog isn't running in the yard, is it?

そのまま使える暗唱例文ベスト10

付加疑問文の基本は、肯定文では否定を、否定文では肯定をつけ加える、ということでしたね。be 動詞には be 動詞を、助動詞には助動詞を使います。

日本語訳

☐ **1.** あなたはテニスをしますね。

☐ **2.** あなたはテニスをしませんね。

☐ **3.** あなたは先生ですね。

☐ **4.** あなたは先生ではありませんね。

☐ **5.** 彼は野球をすることができますね。

☐ **6.** 彼は野球をすることができませんね。

☐ **7.** キャシーは買い物に行きますね。

☐ **8.** トムはその映画を見ませんね。

☐ **9.** アンディとナンシーは学生ではありませんね。

☐ **10.** その犬は庭を走っていませんね。

練習英作文ベスト10

次の日本文を英文に訳してみましょう。

☐ 1. 私は両親によって愛されています。

☐ 2. トムは両親によって愛されていますか。

☐ 3. その絵はアンディによって描かれませんでした。

☐ 4. そのケーキはキャシーによって食べられました。

☐ 5. そのカップはメアリーによって使われましたか。

☐ 6. 彼女はピアノを弾くことができますね。

☐ 7. 彼はピアノを弾くことができませんね。

☐ 8. あなたはその事実を知っていますね。

☐ 9. 彼は嘘をつきませんね。

☐ 10. あなたはその歌を聴いたことがありますね。

4日目

準動詞を
まとめてマスター！

この講義では準動詞を扱います。
準動詞は英語の単元の中でも
「1番大切」といっても過言ではありません。
みなさんの英語力の飛躍を握るカギとなるので
ぜひ頑張ってチャレンジしてください。

1 不定詞の名詞的用法

2 不定詞の形容詞的用法と副詞的用法

3 動名詞

4 分詞

5 分詞構文

1 不定詞の名詞的用法

••不定詞の意味と用法••

　不定詞は大きく、原形不定詞と to 不定詞にわかれますが、一般に「不定詞」といえば、「to 不定詞」のことを指していると考えてさしつかえないでしょう。ここでは to 不定詞について学習したいと思います。今後、本書の中で、to 不定詞を"to V"と表記することもあるのでご了承ください。

　不定詞は、「to ＋動詞の原形」という形で、名詞、形容詞、副詞の働きをします。

　ここでは名詞の働きをする不定詞を学習しましょう。まずは次の例文を見てください。

To study English is necessary.
「英語を勉強することは必要です。」

　普通、主語には名詞や I や you などの代名詞がきますが、この文では主語に不定詞がきていますね。このように不定詞は名詞の働きもするため、主語になったり、目的語や補語にもなるのです。このような用法を「不定詞の名詞的用法」といいます。

　名詞の働きをする不定詞の訳し方を公式として示すならば、

　　不定詞の名詞的用法 ⇒「～すること」

となります。名詞扱いなので、訳すときは「こと」で終わることに注意しましょう。

　さて、もう一度上記の例文を見てください。すでにみなさ

んは不定詞の名詞的用法を学習したので、この文の訳し方は理解できたと思いますが、実は英語の観点から見ると、この英文は不自然な文なのです。というのは、英米人は長い主語を嫌う傾向があり、できるだけ主語を短くしようとします。そこで考えられたのが "it" なのです。

このitを長い主語のかわりに置き、本当の主語を後にまわすことによって、バランスの取れた英文になるわけです。もちろん、このitは、主語のかわりに置かれただけで、何の意味も持たないため、「仮主語、形式主語の it」と呼ばれています。

では、前記の例文を、it を使って表してみましょう。みなさんもいっしょに考えてみてください。

It is necessary to study English.
「英語を勉強することは必要です。」

さあ、できましたか。では、さらにもう1つ考えてください。不定詞の to study の前に、study の意味の上での主語を入れたいときはどうすればよいのでしょう。それは、"to V" の前に、"for 〜" を置けばよいのです。これを公式化すると、

It is 〜 for A to do =「Aがするのは〜です」

となります。さらに例文で確認すると、

It is necessary for us to study English.
「私たちが英語を勉強することは必要です。」

となりますね。これで不定詞の名詞的用法は終了です。

● そのまま使える暗唱例文ベスト10 ●

覚えておくと、とっさのときにそのまますぐに使えます。
くり返し声に出して覚えましょう。

次の英文を暗唱しましょう。

☐ **1.** To see is to believe.

☐ **2.** To study English is necessary.

☐ **3.** It is necessary to study English.

☐ **4.** It is necessary for him to study English.

☐ **5.** I want to swim.

☐ **6.** My hobby is to collect stamps.

☐ **7.** Tom started to study mathematics.

☐ **8.** Mary hopes to study abroad.

☐ **9.** It began to rain.

☐ **10.** It is easy for Cathy to answer the question.

そのまま使える暗唱例文ベスト10

不定詞が名詞的用法を表すときは、文の要素になりましたね。主語、補語、目的語として、それぞれが「〜すること」という意味を持っています。

日本語訳

☐ **1.** 見ることは信じることです。(百聞は一見に如かず。)

☐ **2.** 英語を勉強することは必要です。

☐ **3.** 英語を勉強することは必要です。

☐ **4.** 彼が英語を勉強することは必要です。

☐ **5.** 私は泳ぐことを望んでいます。(私は泳ぎたい。)

☐ **6.** 私の趣味は切手を集めることです。

☐ **7.** トムは数学を勉強することをはじめました。(勉強しはじめました。)

☐ **8.** メアリーは留学することを望んでいます。

☐ **9.** 雨が降ることをはじめました。(雨が降りはじめました。)

☐ **10.** キャシーがその質問に答えることは簡単です。

練習英作文ベスト10

次の日本文を英文に訳してみましょう。

☐ 1. 英語を習うことは重要です。

☐ 2. 英語を話すことは難しくありません。

☐ 3. 英語を書くことは難しいですか。

☐ 4. 彼女がそこへ行くことは必要です。

☐ 5. 私はフランス語を学びたいのです。

☐ 6. トムはドイツ語を学びたいのですか。

☐ 7. 私は今、朝食を食べたくありません。

☐ 8. 彼の計画はドライブすることです。

☐ 9. アンディは科学者になりたがっていました。

☐ 10. 雪が降りはじめました。

HINTS

1. 「英語を習う」は learn English です。
2. 「難しい」は hard か difficult を使います。
3. 形式主語の it を使うと文章がきれいになります。
4. It is ～ for A to V. 「AがVするのは～です。」
5. 「学びたい」＝「学ぶことを望む」と考えます。
6. 「ドイツ語」は German といいます。
7. 「食べたくありません」＝「食べることを望んでいません」
8. 「車を運転する」は drive a car といいます。
9. 「科学者」は scientist です。「～になる」は be動詞を使います。
10. 「～しはじめる」は begin to ～です。「雪が降る」は snow でOK！

解答例
1. To learn English is important.
2. To speak English is not difficult.
3. Is it difficult to write English?
4. It is necessary for her to go there.
5. I want to learn French.
6. Does Tom want to learn German?
7. I don't want to eat breakfast now.
8. His plan is to drive a car.
9. Andy wanted to be a scientist.
10. It began to snow.

2 不定詞の形容詞的用法と副詞的用法

● ● 不定詞の形容詞的用法 ● ●

みなさんは1時間目で不定詞の名詞的用法を学習しましたが、そのほかにどのような用法があるのでしょうか。まず、次の例文を見てください。

I want something to eat.
「私は何か食べるものが欲しい。」

この文の、to eat はどのような働きをしているのでしょうか。この場合、不定詞の直前にある something を修飾していますね。

このように直前にある名詞を修飾している不定詞を、「不定詞の形容詞的用法」といいます。

●●不定詞の副詞的用法●●

次は副詞的用法を学びましょう。

I went to the station to meet him.
「私は彼を出迎えるために駅へ行った。」

この文の to meet はどのような働きをしているのでしょうか。この不定詞は「出迎えるために」という意味で目的を表し、動詞 went を修飾していますね。このように不定詞が名詞以外を修飾する用法を、「不定詞の副詞的用法」といいます。

この副詞的用法は「目的」のほかにもいろいろな意味を持っています。次の例文を見てください。

I was happy to hear the news.
「私はその知らせを聞いて嬉しかった。」

この to hear は、形容詞 happy を修飾していますね。「〜して」という「理由」を表しています。

最後に不定詞の慣用表現を学習しましょう。

A. too 〜 to V「〜すぎてVできない」
　　　　　　　　「Vするには〜すぎる」

I was too tired to walk.
「私は疲れすぎて歩けなかった。」

B. 〜 enough to V「Vできるほど〜だ」

She is old enough to travel alone.
「彼女は一人で旅行できるほどの年齢です。」

これらの熟語は頻出表現なので何度も暗唱して確実に覚えましょう。

そのまま使える暗唱例文ベスト10

覚えておくと、とっさのときにそのまますぐに使えます。
くり返し声に出して覚えましょう。

次の英文を暗唱しましょう。

- [ ] **1.** I want something to eat.

- [ ] **2.** Do you want anything to eat, too?

- [ ] **3.** We have some books to read.

- [ ] **4.** He went to the station to meet her.

- [ ] **5.** Tom went to America to study English.

- [ ] **6.** I'm glad to see you.

- [ ] **7.** Mary was surprised to hear the news.

- [ ] **8.** Andy was too tired to walk.

- [ ] **9.** The book is too difficult to read.

- [ ] **10.** Cathy is old enough to travel alone.

そのまま使える暗唱例文ベスト10

不定詞が副詞的用法を表すとき、主に2つの意味がありましたね。1つは目的「～するために、～するように」で、もう1つは理由「～して」でした。

日本語訳

☐ **1.** 私は何か食べ物が欲しいです。

☐ **2.** あなたも何か食べ物が欲しいですか。

☐ **3.** 私たちには読む本が何冊かあります。

☐ **4.** 彼は彼女を出迎えるために駅へ行きました。

☐ **5.** トムは英語を勉強するためにアメリカへ行きました。

☐ **6.** 私はあなたに会えてうれしいです。

☐ **7.** メアリーはその知らせを聞いて驚きました。

☐ **8.** アンディは疲れすぎて歩けませんでした。

☐ **9.** その本は難しすぎて読めません。

☐ **10.** キャシーは一人で旅行できるほどの年齢です。

練習英作文ベスト10

次の日本文を英文に訳してみましょう。

☐ 1. 私は何か飲み物が欲しいです。

☐ 2. あなたは何か食べ物が欲しいですか。

☐ 3. 私たちには本を読んでいる時間はありません。

☐ 4. 私は彼らを見送るために空港へ行きました。

☐ 5. メアリーはフランス語を勉強するためにパリへ行きました。

☐ 6. 私はその知らせを聞いてうれしいです。

☐ 7. トムはそのニュースを聞いて驚きました。

☐ 8. アンディは忙しすぎてテレビを見ることができませんでした。

☐ 9. その少年はその質問に答えられるほど賢い。

☐10. キャシーは一人で外国へ行けるほどの年齢です。

HINTS

1. 「飲み物」は something to drink といいます。
2. 「食べ物」は something to eat ですね。
3. 「本を読んでいる時間」は time to read a book です。
4. 「Aを見送る」は see A off という熟語を使います。
5. 「フランス語を勉強するために」は to study French です。
6. 「〜してうれしい」は be glad to 〜となります。
7. 「〜して驚く」は be surprised to 〜ですね。
8. too 〜 to V「〜すぎてVできない」を使いましょう。
9. 〜 enough to V「Vできるほど〜だ」を使いましょう。
10. 「外国へ行く」は go abroad といいます。

解答例
1. I want something to drink.
2. Do you want anything to eat?
3. We don't have time to read a book.
4. I went to the airport to see them off.
5. Mary went to Paris to study French.
6. I am glad to hear the news.
7. Tom was surprised to hear the news.
8. Andy was too busy to watch television.
9. The boy is clever enough to answer the question.
10. Cathy is old enough to go abroad alone.

3 動名詞

●・動名詞の形式と意味・●

3時間目は動名詞を学習しましょう。「動名詞」というのはその名が示すとおり、「動詞の性質を持ちながら名詞の働きもする」表現方法です。名詞の働きもするため、不定詞の名詞的用法と同じように、主語や目的語、補語にもなるわけです。

さて、その形式と意味ですが、まずは公式で表してみましょう。

　動名詞 ⇒ 動詞＋ing「〜すること」

形式は、2日目で学習した進行形の時に使われた現在分詞と同じ形が使われます。意味は不定詞の名詞的用法と同じ意味ですね。では、例文で確認しましょう。

A. Playing tennis is fun.
　「テニスをすることは楽しい。」
B. My hobby is playing tennis.
　「私の趣味はテニスをすることです。」

Aの例文は動名詞が主語として、Bの例文は補語として使われていることがわかると思います。そして意味は不定詞の名詞的用法とほぼ同じなので、動名詞をそのまま不定詞に置きかえることもできます。たとえば上記の例文は次のようになります。

A. To play tennis is fun.
　「テニスをすることは楽しい。」
B. My hobby is to play tennis.

「私の趣味はテニスをすることです。」

●●動名詞と不定詞の違い●●

このように動名詞の位置に不定詞を置きかえることは可能ですが、すべての場合に当てはまるのでしょうか。

次の例文を見てください。

I like playing tennis.
「私はテニスをすることが好きです。」
I like to play tennis.
「私はテニスをすることが好きです。」

これらはほとんど同じ意味を表していますが、いつも置きかえが可能というわけではありません。それを決めるカギは動詞にあります。

例文のように、like であれば、後には動名詞も不定詞もきますが、finish「終える」や enjoy「楽しむ」などの動詞の後には Ving（動名詞）が使われ、promise「約束する」や decide「決める」などの動詞の後には to V（不定詞）が使われるのです。これは決まりごとなのでぜひ覚えてください。

そして、これらの動詞はたくさんあるのですが、まずはここにあげた動詞を確実に覚えましょう。

promise + to V
decide + to V
finish + Ving
enjoy + Ving
like + to V
like + Ving

● そのまま使える暗唱例文ベスト10 ●

覚えておくと、とっさのときにそのまますぐに使えます。
くり返し声に出して覚えましょう。

次の英文を暗唱しましょう。

□ **1.** Seeing is believing.

□ **2.** Playing tennis is fun.

□ **3.** My hobby is collecting stamps.

□ **4.** I enjoyed listening to music.

□ **5.** Tom likes driving cars.

□ **6.** He will give up smoking.

□ **7.** Mary stopped reading the novel.

□ **8.** Do you mind opening the window?

□ **9.** Andy enjoyed fishing in the river.

□ **10.** Cathy likes taking pictures.

そのまま使える暗唱例文ベスト10

動名詞には名詞としての働きがあるため、名詞的用法の不定詞と同様、主語、補語、目的語などとして文の要素になります。意味は「〜すること」でしたね。

日本語訳

☐ **1.** 見ることは信じることです。(百聞は一見に如かず。)

☐ **2.** テニスをすることは楽しいです。

☐ **3.** 私の趣味は切手を集めることです。

☐ **4.** 私は音楽を聴いて楽しみました。

☐ **5.** トムは自動車を運転することが好きです。

☐ **6.** 彼はタバコを吸うのをやめるでしょう。

☐ **7.** メアリーはその小説を読むことをやめました。

☐ **8.** 窓を開けていただけますか。

☐ **9.** アンディは川で釣りを楽しみました。

☐ **10.** キャシーは写真を撮ることが好きです。

練習英作文ベスト10

次の日本文を、動名詞を使って英語で書いてみましょう。

☐ 1. ピアノを弾くことは楽しいです。

☐ 2. 私の趣味はギターを弾くことです。

☐ 3. トムは水泳が好きですか。

☐ 4. 彼女は映画を見て楽しみました。

☐ 5. 彼はタバコを吸うのを止めないでしょう。

☐ 6. キャシーはアメリカ行きを中止しました。

☐ 7. アンディはスキーをして楽しみました。

☐ 8. 英語を学ぶことはつらくありません。

☐ 9. メアリーは料理が好きではありません。

☐ 10. あなたの趣味は音楽鑑賞ですか。

HINTS

1. 「楽しい」は fun でOK！
2. 「ギターを弾く」は play the guitar です。
3. 「水泳」＝「泳ぐこと」と考えましょう。
4. 「〜して楽しむ」は enjoy ＋動名詞を使います。
5. 「〜するのを止める」は stop ＋動名詞ですね。
6. 「〜を中止する」も stop を使いましょう。
7. 「スキーをする」は ski という動詞を使いますが、動名詞は skiing とつづります。
8. 「つらい」という形容詞は hard です。
9. 「料理」は「料理をすること」と考えます。
10. 「音楽鑑賞」は「音楽を聴くこと」ですね。

解答例
1. Playing the piano is fun.
2. My hobby is playing the guitar.
3. Does Tom like swimming?
4. She enjoyed seeing the movie.
5. He will not stop smoking.
6. Cathy stopped going to America.
7. Andy enjoyed skiing.
8. Learning English is not hard.
9. Mary doesn't like cooking.
10. Is your hobby listening to music?

4 分詞

●・分詞の意味と用法・●

「分詞」とは動詞の形を Ving（現在分詞）や Vpp（過去分詞）にかえて、前後にある名詞にかかる、言わば形容詞の役割をする準動詞のことです。次の例文を見てください。

A. a running dog「走っている犬」
B. a painted picture「描かれた絵」

Aの running「走っている」は次の名詞「犬」を修飾していますね。

Bの painted「描かれた」も名詞「絵」を修飾しています。Aの現在分詞もBの過去分詞も両方とも名詞を修飾していることから、形容詞の役割をしていることが理解できますね。

次に分詞の意味を考えてみましょう。Aの「走っている」は、能動・進行的な意味を、Bの「描かれた」は、受動・完了的なニュアンスをもっています。このことから次の公式が浮かんできます。

Ving（現在分詞）⇒「～する、～している」
Vpp（過去分詞）⇒「～された、～してしまった」

「～する」「～された」の意味を考えるときは、名詞を主語にして考えてみましょう。

Aでは、「犬が走っている」から現在分詞が使われ、Bでは、「絵が描かれた」から過去分詞が使われていることが確認できますね。

●●分詞の後置修飾●●

さらに、次の例文を見てください。

A. Look at the running dog.
「走っている犬を見なさい。」

B. Look at the dog running in the park.
「公園で走っている犬を見なさい。」

これらの文を比較してみましょう。Aの running「走っている」は前から名詞「犬」を、Bの running「走っている」は後ろから名詞「犬」を修飾していますね。

この違いはどこからくるのでしょう。それは、分詞は「1語の時は前から名詞を、修飾語があるときには後ろから名詞を修飾する」というきまりがあるためです。

ですから、Bの例文では、in the park「公園で」という修飾語があるために、現在分詞が後ろから名詞を修飾しているのです。過去分詞にも同じことが当てはまります。

例文で確認してみましょう。

A. Look at the painted picture.
「描かれた絵を見なさい。」

B. Look at the picture painted by Tom.
「トムによって描かれた絵を見なさい。」

Aの例文では、修飾語がないので、painted「描かれた」が名詞「絵」の前に置かれ、Bの例文では by Tom「トムによって」という修飾語があるので、名詞の後ろに置かれています。このように、後ろから前の名詞を修飾する用法を、文法用語で「分詞の後置修飾」といいます。

● そのまま使える暗唱例文ベスト10 ●

覚えておくと、とっさのときにそのまますぐに使えます。
くり返し声に出して覚えましょう。

次の英文を暗唱しましょう。

☐ **1.** Look at the running dog.

☐ **2.** Look at the dog running in the park.

☐ **3.** Look at the picture.

☐ **4.** Look at the picture painted by Tom.

☐ **5.** Cathy saw a sleeping cat.

☐ **6.** Cathy saw a cat sleeping under the table.

☐ **7.** A rolling stone gathers no moss.

☐ **8.** What is the language spoken in Canada?

☐ **9.** The man reading a book is Andy.

☐ **10.** Mary has a trained dog.

そのまま使える暗唱例文ベスト10

分詞が名詞を修飾するときに、2つの用法がありましたね。1つは前から名詞を修飾する場合、もう1つは後ろから名詞を修飾する場合です。

日本語訳

□ **1.** その走っている犬を見なさい。

□ **2.** 公園を走っているその犬を見なさい。

□ **3.** その絵を見なさい。

□ **4.** トムによって描かれたその絵を見なさい。

□ **5.** キャシーは眠っている猫を見ました。

□ **6.** キャシーはテーブルの下で眠っている猫を見ました。

□ **7.** 転がっている石には苔がつきません。(転石苔むさず。)

□ **8.** カナダで話されている言葉は何ですか。

□ **9.** 本を読んでいるその人はアンディです。

□ **10.** メアリーは訓練された犬を飼っています。

5 分詞構文

●●分詞構文●●

「分詞構文」とは、現在分詞や過去分詞が名詞以外の語句や文を修飾する、いわば副詞的な働きをする表現方法です。分詞構文は副詞的な働きをするので、主語や目的語、補語のような文の要素にならないため、文中のさまざまな場所に置かれます。現在分詞を能動的に、過去分詞を受動的に訳すのは、4時間目の分詞で学んだとおりです。

次に分詞構文の表す意味ですが、具体的には「～なので、～するとき、～だけれども、～ならば、～しながら、～して、～して～する」などさまざまな意味を表します。

しかしこれらの意味を厳密に覚える必要はありません。状況に応じて臨機応変に訳していけばよいのです。

以上をまとめてみましょう。

> 分詞構文 ⇒ Ving（現在分詞）～
> Vpp（過去分詞）～
> 「～なので、～するとき、
> ～だけれども、～ならば、
> ～しながら、～して、～して～する」

では、具体的に例文を見てみましょう。

Looking out of the window,
I thought of my hometown.
「窓の外を見ながら、私は故郷を思い出していました。」

この文では、主語となる I を中心に考えた場合、「私が＝見ている」という能動の関係が成立するので、現在分詞 Looking が使われているのです。

次の例文はどう考えたらよいでしょうか。

Seen from here,
the mountain looks like an elephant.
「ここから見ると、その山は象のように見える。」

この文も同じように主語を中心にして考えてみましょう。主語は「山」なので「見る」のではなく、「見られる」という関係が成立します。ですから受動の意味を表す過去分詞 seen が使われているのです。

このように分詞構文では、Ving であれ、Vpp であれ、原則として、必ず主語と一致していなければいけません。

なお、例外として主語と一致していない分詞構文もあるのですが、これは独立分詞構文と呼ばれます。

例文を示しておきますので、参考にしてください。

It being Sunday,
I stayed at home all day long.
「日曜日だったので、私は一日中家にいました。」

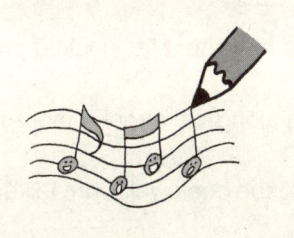

そのまま使える暗唱例文ベスト10

覚えておくと、とっさのときにそのまますぐに使えます。
くり返し声に出して覚えましょう。

次の英文を暗唱しましょう。

☐ **1.** Turning to the left, you will find the library.

☐ **2.** Seeing me, he ran away.

☐ **3.** Looking out of the window, I thought of my hometown.

☐ **4.** Seen from here, the mountain looks like an elephant.

☐ **5.** Looking up at the sky, I saw many stars.

☐ **6.** Living next door, I seldom see Tom.

☐ **7.** Knowing Cathy well, he smiled at her.

☐ **8.** Dressed in white, Mary looked pretty.

☐ **9.** Walking along the street, I met Andy.

☐ **10.** Knowing the book well, Tom talked about it.

そのまま使える暗唱例文ベスト10

分詞構文は接続詞としての用法も兼ねているので、基本的には接続詞の意味が含まれている方の文を、分詞構文にします。

日本語訳

☐ **1.** 左へ曲がれば、その図書館が見つかるでしょう。

☐ **2.** 私を見て、彼は逃げました。

☐ **3.** 窓の外を見ながら、私は故郷を思い出していました。

☐ **4.** ここから見ると、その山は象のように見えます。

☐ **5.** 空を見上げたとき、私はたくさんの星を見ました。

☐ **6.** 隣に住んでいるのだけれども、私はめったにトムに会いません。

☐ **7.** キャシーのことをよく知っているので、彼は彼女に微笑みました。

☐ **8.** 白い服を着たとき、メアリーはかわいく見えました。

☐ **9.** 通りを歩いているとき、私はアンディに会いました。

☐ **10.** その本をよく知っているので、トムはそれについて語りました。

練習英作文ベスト10

次の日本文を1〜5は分詞を使って、
6〜10は分詞構文を使って英語で書いてみましょう。

☐ 1. その眠っている猫を見なさい。

☐ 2. テーブルの下で眠っているその猫を見なさい。

☐ 3. フランスで話されている言葉は何ですか。

☐ 4. 電車を待っているその女の子はキャシーです。

☐ 5. 英語を話しているその少年はアンディです。

☐ 6. 右へ曲がれば、その建物が見えるでしょう。

☐ 7. 警察官を見たとき、その少年は逃げました。

☐ 8. ここから見ると、その湖は海のように見えます。

☐ 9. 町に住んでいるのだけれども、私はめったに買い物に行きません。

☐10. 通りを歩いていたとき、私はトムに会いました。

HINTS

1. 「眠っている」が「猫」を前から修飾していますね。
2. 「テーブルの下で眠っている」が「その猫」を後ろから修飾しますね。
3. 「フランスで話されている」が「言葉」を後ろから修飾しています。
4. 「電車を待っている」が「その女の子」を後置修飾します。
5. 「英語を話している」が「その少年」を後置修飾します。
6. 「右へ曲がれば」を分詞構文で表します。
7. 「警察官を見たとき」を分詞構文にしますね。
8. 「ここから見ると」が分詞構文になります。
9. 「めったに〜しない」は seldom で、一般動詞の前に置きます。
10. 「通りを歩く」は walk along the street でOKです。

解答例
1. Look at the sleeping cat.
2. Look at the cat sleeping under the table.
3. What is the language spoken in France?
4. The girl waiting for the train is Cathy.
5. The boy speaking English is Andy.
6. Turning to the right, you will see the building.
7. Seeing the policeman, the boy ran away.
8. Seen from here, the lake looks like the ocean.
9. Living in the town, I seldom go shopping.
10. Walking along the street, I met Tom.

ことわざそぞろ歩き ④

To err is human, to forgive divine.
「過(あやま)つは人の常、許すは神の心」

▶不定詞の名詞的用法が使われています。後の文では is が省略されていますね。「まちがいをすることは人間的であり、それを許すことは神のような心である」ということでしょうか。

It is never too late to mend.
「過ちては改むるに憚(はばか)ることなかれ」

▶「過ちを改めるのに遅すぎることはない」という意味ですね。この文では不定詞で学習した、too ～ to V「Vするには～すぎる」の慣用表現が使われています。not があるので、後ろから「Vするには～すぎることはない」と訳しましょう。

5日目

比較を学んで多彩に表現しよう！

ここで学習する比較は、
2つ以上の人やものを比べる表現形態です。
比較級や最上級を学ぶことにより、
構文のバリエーションが確実に広がっていきます。
さらに、慣用表現も含んでいるので、
今まで以上にしっかりと覚えていきましょう。

1. 比較級
2. 最上級
3. 同等比較
4. 最上級の書きかえ
5. 比較の慣用表現

1 比較級

・・形容詞の比較級・・

「AはBよりも〜です。」のようにAとBを比べる表現を「比較級」といいます。たとえば、「ナンシーはキャシーよりも背が高い。」という文を作るにはどうすればよいのでしょうか。まずは次の公式を見てください。

比較級1 ⇒ **A is 形容詞＋er than B.**
「AはBよりも〜です。」

-er は比較級、than は「〜よりも」という意味になります。この公式に先ほどの例文を当てはめてみましょう。

A（Nancy）is tall＋er than B（Cathy）.
＝ Nancy is taller than Cathy.
「ナンシーはキャシーよりも背が高い。」

さあ、これで比較級ができました。AとB、そして形容詞にさまざまな単語を置きかえれば、多彩な表現ができますね。

● ● もう1つの比較級 ● ●

しかし、ちょっと待ってください、次のような文も同じように作ればよいのでしょうか。

「ナンシーはキャシーよりも美しい。」

「美しい」という形容詞は beautiful ですが、比較級にする場合、この beautiful にも - er をつけるのでしょうか。

みなさんは「音節」という言葉を聞いたことがありますか。たとえば beautiful を辞書で引くと、beau・ti・ful のように3つのパーツにわかれていますね。この1つ1つのパーツを音節と呼ぶのです。したがって、この場合は3音節ということになります。

そして、3音節以上の形容詞を比較級にする場合は、- er をつけるのではなく、原則として形容詞の前に more を置くのです。これを公式で表してみましょう。

比較級2 ⇒ A is more 形容詞 than B.
「AはBよりも〜です。」

この公式に先ほどの例文を当てはめれば、

Nancy is more beautiful than Cathy.
「ナンシーはキャシーよりも美しい。」

となります。しかし2音節以下の形容詞は原則として -er をつけるので、慣れないうちは、その形容詞が2音節であるのか、それとも3音節なのかを、辞書でしっかりと確認する必要がありますね。

そのまま使える暗唱例文ベスト10

覚えておくと、とっさのときにそのまますぐに使えます。
くり返し声に出して覚えましょう。

次の英文を暗唱しましょう。

- [ ] **1.** I am taller than you.

- [ ] **2.** You are shorter than I.

- [ ] **3.** He is cleverer than his brother.

- [ ] **4.** His brother is kinder than he.

- [ ] **5.** Is Tom older than Andy?

- [ ] **6.** Mary is more beautiful than Cathy.

- [ ] **7.** This book is more difficult than that.

- [ ] **8.** Andy drives more carefully than Tom.

- [ ] **9.** Cathy is more intelligent than Mary.

- [ ] **10.** The United States is larger than Japan.

そのまま使える暗唱例文ベスト10

比較級は主に2種類ありましたね。原則として、2音節以下の形容詞には - er を、3音節以上の形容詞には前に more をつけました。

日本語訳

☐ **1.** 私はあなたより背が高いです。

☐ **2.** あなたは私より背が低いです。

☐ **3.** 彼は彼の弟より賢いです。

☐ **4.** 彼の弟は彼より親切です。

☐ **5.** トムはアンディよりも年上ですか。

☐ **6.** メアリーはキャシーよりも美しいです。

☐ **7.** この本はあの本より難しいです。

☐ **8.** アンディはトムよりも注意深く運転をします。

☐ **9.** キャシーはメアリーよりも知的です。

☐ **10.** アメリカ合衆国は日本よりも大きいです。

● 練習英作文ベスト10 ●

次の日本文を英文に訳してみましょう。

☐ 1. 私はあなたより年下です。

☐ 2. あなたは私より年上です。

☐ 3. 彼女は彼女の妹よりもかわいいです。

☐ 4. 彼女の妹は彼女よりも頭がいいです。

☐ 5. ワシはカラスよりも大きいです。

☐ 6. ツバメは鳩よりも速く飛ぶことができます。

☐ 7. 猫はトラよりもずっと小さいです。

☐ 8. トムはアンディよりも速く走ることができます。

☐ 9. メアリーはキャシーよりも毎朝早く起きます。

☐ 10. オーストラリアは日本よりも大きいです。

HINTS

1. 「あなたより」は than you とします。
2. 「私より」は than I で、主格にします。
3. pretty の比較級は prettier です。
4. 「彼女よりも」は than she です。
5. 「ワシ」は an eagle、「カラス」は a crow といいます。
6. 「ツバメ」は a swallow、「鳩」は a dove といいます。
7. 「ずっと」は比較級の前に much を置きます。
8. この文では「速く」を比較級にして、faster とします。
9. 「早く」は early で比較級は earlier となります。
10. 「オーストラリア」のつづりは Australia ですね。

解答例
1. I am younger than you.
2. You are older than I.
3. She is prettier than her sister.
4. Her sister is cleverer than she.
5. An eagle is larger than a crow.
6. A swallow can fly faster than a dove.
7. A cat is much smaller than a tiger.
8. Tom can run faster than Andy.
9. Mary gets up earlier than Cathy every morning.
10. Australia is larger than Japan.

2 最上級

●●最上級の意味と用法●●

最上級は「～の中で一番～です。」という意味を表す表現形式です。まずは公式から見てみましょう。

<u>最上級1</u> ⇒ **A is the 形容詞＋est in(of) B.**
「AはBの中で一番～です。」

in と of の使い分けは、in ＋単数名詞、of ＋複数名詞となります。では早速、次の日本文を英語で表してみましょう。

「ナンシーはクラスの中で一番背が高い。」

A（Nancy）is the tall ＋ est in B（her class）.
= Nancy is the tallest in her class.

みなさん、できましたか。慣れれば難しくはないと思います。

上記の例文では、形容詞の例を取り上げましたが、副詞がくることもあります。例文で確認しておきましょう。

Nancy can run the fastest in her class.
「ナンシーはクラスの中で一番速く走ることができます。」

・・もう1つの最上級・・

最上級にも比較級と同じように、もう1つ表現形式があります。とりあえず公式で示してみましょう。

最上級2 ⇒ A is the most 形容詞 in(of) B.
「AはBの中で一番～です。」

この表現はどのようなときに使うのでしょうか。それは比較級にも出てきた、3音節以上の形容詞や副詞を使うときです。例文で確認してみましょう。

「ナンシーはクラスの中で一番美しい。」
Nancy is the most beautiful in her class.

そのまま使える暗唱例文ベスト10

覚えておくと、とっさのときにそのまますぐに使えます。
くり返し声に出して覚えましょう。

次の英文を暗唱しましょう。

☐ **1.** I am the youngest in my family.

☐ **2.** He is the fastest runner in his class.

☐ **3.** Cathy is the tallest in her class.

☐ **4.** Who is the cleverest of all the students?

☐ **5.** Tom is the oldest of the four.

☐ **6.** She is the most famous singer in the world.

☐ **7.** Mt. Fuji is the highest mountain in Japan.

☐ **8.** Mary is the most beautiful in her class.

☐ **9.** Andy is the most intelligent of the four.

☐ **10.** Is Mt. Everest the highest mountain in the world?

そのまま使える暗唱例文ベスト10

最上級にも2つの用法がありました。1つは2音節以下の形容詞には - est をつけ、もう1つは3音節以上の形容詞には前に most を置く用法です。

日本語訳

☐ **1.** 私は家族の中で、一番年下です。

☐ **2.** 彼はクラスの中で、一番速く走ります。

☐ **3.** キャシーはクラスの中で、一番背が高いです。

☐ **4.** すべての生徒の中で、誰が一番賢いですか。

☐ **5.** トムは4人の中で一番年上です。

☐ **6.** 彼女は世界で最も有名な歌手です。

☐ **7.** 富士山は日本で一番高い山です。

☐ **8.** メアリーはクラスで一番美しいです。

☐ **9.** アンディは4人の中で一番知的です。

☐ **10.** エベレストは世界で一番高い山ですか。

練習英作文ベスト10

次の日本文を英文に訳してみましょう。

☐ **1.** 彼は家族の中で一番年下です。

☐ **2.** 彼女はクラスの中で一番美人です。

☐ **3.** 夏は四季の中で一番暑いです。

☐ **4.** ツバメはすべての鳥の中で一番速く飛ぶことができます。

☐ **5.** アンディは3人の中で一番背が高いです。

☐ **6.** 日本で一番高い山は何ですか。

☐ **7.** 信濃川は日本で一番長い川です。

☐ **8.** 5人の中で一番年上は誰ですか。

☐ **9.** この本はすべての本の中で一番面白いです。

☐ **10.** この花はすべての花の中で一番きれいです。

HINTS

1. 「家族の中で」は in his family となります。
2. 「クラスの中で」は in her class でOK！
3. 「四季の中で」は of the four seasons ですね。
4. 「すべての鳥の中で」は of all the birds となります。
5. 「3人の中で」は of the three で大丈夫です。
6. 疑問詞 What ではじまる文になります。
7. 「信濃川」は the Shinano といい、河川名には the をつけます。
8. 「5人の中で」は of the five ですね。
9. 「すべての本の中で」は of all the books となります。
10. 「すべての花の中で」は of all the flowers ですね。

解答例
1. He is the youngest in his family.
2. She is the most beautiful in her class.
3. Summer is the hottest of the four seasons.
4. Swallows can fly the fastest of all the birds.
5. Andy is the tallest of the three.
6. What is the highest mountain in Japan?
7. The Shinano is the longest river in Japan.
8. Who is the oldest of the five?
9. This book is the most interesting of all the books.
10. This flower is the most beautiful of all the flowers.

3 同等比較

●・肯定の同等比較・●

みなさんはすでに比較級、最上級を学びましたが、もう1つ比較表現があるのです。

それは「同等比較」と呼ばれる表現方法で、「AはBと同じくらい〜です。」という意味を表します。ではその作り方を公式で説明しましょう。

同等比較 ⇒ A is as 形容詞 as B.
「AはBと同じくらい〜です。」

この場合、形容詞や副詞をそのままの形（原級）で as 〜 as の中に入れてください。

次に、具体的な例を見てみましょう。

「ナンシーはキャシーと同じくらい背が高い。」

という日本文を英語で表すと、

A（Nancy）is as 形容詞（tall）as B（Cathy）
= Nancy is as tall as Cathy.

となることが理解できると思います。

・・否定の同等比較・・

では、否定の同等比較はどのようにすればよいのでしょうか。公式を見てみましょう。

否定の同等比較 ⇒ A is not as（so）～ as B.
「AはBほど～ではありません。」

否定文では注意することが2つあります。

1つは、否定文では前の as は so に置きかえてもさしつかえないということです。肯定文では as だけですが、否定文ではどちらでもよいのです。

もう1つは、訳し方に注意してください。肯定文と同じ訳し方をすれば、「AはBと同じくらい～でない。」となりそうですが、この表現は日本語として適切とは言えません。ですから公式のように訳してください。

では、具体例で確認してみましょう。

Nancy is not as（so）tall as Cathy.
「ナンシーはキャシーほど背が高くありません。」

これでみなさんは、比較、最上級、同等比較の3つの表現方法をマスターしましたね。

次の講義ではこれらを使った書きかえを学習します。

そのまま使える暗唱例文ベスト10

覚えておくと、とっさのときにそのまますぐに使えます。
くり返し声に出して覚えましょう。

次の英文を暗唱しましょう。

- [ ] **1.** I am as tall as you.

- [ ] **2.** You are not as tall as he.

- [ ] **3.** He is as kind as she.

- [ ] **4.** The bird flies as fast as an eagle.

- [ ] **5.** The dog does not run as fast as the cat.

- [ ] **6.** Tom speaks English as well as Mary.

- [ ] **7.** Mary doesn't speak French as well as Cathy.

- [ ] **8.** Andy was as hungry as a bear then.

- [ ] **9.** Mary is as busy as a bee.

- [ ] **10.** She looked as pale as a ghost.

● そのまま使える暗唱例文ベスト10 ●

同等比較は「同じくらい〜」という意味を持つ表現ですが、これを使った熟語も多くあります。8〜10の問題は慣用表現として記憶しましょう。

日本語訳

☐ **1.** 私はあなたと同じくらいの背の高さです。

☐ **2.** あなたは彼ほど背が高くありません。

☐ **3.** 彼は彼女と同じくらい親切です。

☐ **4.** その鳥はワシと同じくらい速く飛びます。

☐ **5.** その犬はその猫ほど速くは走りません。

☐ **6.** トムはメアリーと同じくらい上手に英語を話します。

☐ **7.** メアリーはキャシーほど上手にフランス語を話しません。

☐ **8.** アンディはそのとき非常にお腹をすかせていました。

☐ **9.** メアリーは非常に忙しいです。

☐ **10.** 彼女は真っ青な顔をしていました。

● 練習英作文ベスト10 ●

次の日本文を英文に訳してみましょう。

□ 1. 私はあなたと同じくらいの年齢です。

□ 2. 彼女は彼ほど背が高くありません。

□ 3. この本はあの本と同じくらい役に立ちます。

□ 4. この質問はあの質問ほどやさしくはありません。

□ 5. この鞄はあの鞄と同じくらいの重さですか。

□ 6. キャシーはメアリーと同じくらい上手に英語を話します。

□ 7. トムはアンディほど上手にフランス語を話せません。

□ 8. 秋は夏ほど暑くはありません。

□ 9. このロープはあのロープと同じくらいの長さですか。

□10. メアリーとキャシーは瓜二つです。

HINTS

1. 「同じくらいの年齢」は as old as でOKです。
2. 否定文ですから、not as ~ as を使います。
3. 「役に立つ」は useful という形容詞です。
4. 「やさしい」は easy ですね。
5. 「同じくらいの重さ」は as heavy as です。
6. 「同じくらい上手に」は as well as となります。
7. 「フランス語」は French ですね。
8. 「秋」は autumn か fall を使います。
9. 「ロープ」は rope というつづりです。
10. 「瓜二つ」は as much alike as two peas という熟語です。

解答例

1. I am as old as you.
2. She is not as tall as he.
3. This book is as useful as that book.
4. This question is not as easy as that question.
5. Is this bag as heavy as that bag?
6. Cathy speaks English as well as Mary.
7. Tom can't speak French as well as Andy.
8. Autumn is not as hot as summer.
9. Is this rope as long as that rope?
10. Mary and Cathy are as much alike as two peas.

4 最上級の書きかえ

●●最上級と比較級の書きかえ●●

みなさんは最上級と2つの比較表現を学びましたが、この時間ではそれらを使った書きかえを、慣用表現を使って表してみましょう。まず、次の例文を見てください。

Mt. Fuji is the highest mountain in Japan.
「富士山は日本で一番高い山です。」

これは最上級ですが、比較級で表現するとしたらどうなるでしょう。

「富士山は日本のほかのどの山よりも高い。」

と表せばよいのですが、これを英語で表すためには、次の慣用表現を使います。

慣用表現1 ⇒ A is 比較級 than any other B.
　　　　　　「Aはほかのどんな Bよりも～。」

Bには単数名詞がくるので注意してください。では、この表現を使って上記の日本文を英語で表してみましょう。

Mt. Fuji is higher than any other mountain in Japan.

となりますね。さらに同じ内容を、別の比較表現でも表せます。

No other mountain in Japan is higher than Mt. Fuji.
「富士山より高い山は日本にはほかにない。」

この比較級は次の慣用表現を使ったものです。

慣用表現2 ⇒ No other A is 比較級 than B.
「Bより〜なAはほかにない。」

この場合も、Aには単数名詞がくることに注意してください。

••最上級と同等比較の書きかえ••

さらに、最上級の内容は、同等比較を使っても表せます。

慣用表現3 ⇒ No other A is as 〜 as B.
「Bほど〜なAはほかにない。」

この場合もAには単数名詞が、〜には形容詞の原級がくることに注意してください。

では、具体的に上記の例文を使って表してみましょう。

No other mountain in Japan is as high as Mt. Fuji.

「富士山ほど高い山は日本にはほかにない。」

さあ、みなさん、できましたか。

● そのまま使える暗唱例文ベスト10 ●

覚えておくと、とっさのときにそのまますぐに使えます。
くり返し声に出して覚えましょう。

次の英文を暗唱しましょう。

- ☐ **1.** Mt. Fuji is the highest mountain in Japan.

- ☐ **2.** Mt. Fuji is higher than any other mountain in Japan.

- ☐ **3.** No other mountain in Japan is higher than Mt. Fuji.

- ☐ **4.** No other mountain in Japan is as high as Mt. Fuji.

- ☐ **5.** The swallow(Swallows) can fly the fastest of all the birds.

- ☐ **6.** The swallow can fly faster than any other bird.

- ☐ **7.** No other bird can fly faster than the swallow.

- ☐ **8.** No other bird can fly as fast as the swallow.

- ☐ **9.** Time is the most precious thing of all.

- ☐ **10.** Nothing is more precious than time.

そのまま使える暗唱例文ベスト10

最上級の書きかえは、1つの内容を何通りかの比較級で表現することがポイントです。それには、英文そのものを暗記することが一番の近道となります。

日本語訳

☐ **1.** 富士山は日本で一番高い山です。

☐ **2.** 富士山は日本のほかのどの山よりも高いです。

☐ **3.** 富士山より高い山は日本にはほかにありません。

☐ **4.** 富士山ほど高い山は日本にはほかにありません。

☐ **5.** ツバメはすべての鳥の中で一番速く飛ぶことができます。

☐ **6.** ツバメはほかのどんな鳥よりも速く飛ぶことができます。

☐ **7.** ツバメより速く飛ぶことができる鳥はほかにはいません。

☐ **8.** ツバメほど速く飛ぶことができる鳥はほかにはいません。

☐ **9.** 時間はすべての中で最も貴重なものです。

☐ **10.** 時間より貴重なものは何もありません。

5 比較の慣用表現

•• 比較の慣用表現 ••

比較級や最上級には、便利な慣用表現があるので、いくつか公式としてあげてみます。

one of the 最上級＋名詞の複数形 in A
「Aの中で最も〜な〜の１つ」

具体例をあげてみましょう。

Tokyo is one of the largest cities in the world.
「東京は世界の中でも最も大きな都市の１つです。」

次にあげる表現は、後で学習する that という関係代名詞を含んでいますが、ここでは単に公式として覚えておいてください。

the 最上級＋名詞 that S have ever Vpp（過去分詞）
「Sが今までにVした中で一番〜な〜」

具体的な例で確認しましょう。

This is the largest tiger that I have ever seen.
「これは私が今までに見た中で一番大きなトラです。」

さて、最後の重要表現です。

as 〜 as possible「できるだけ〜」

具体例を示してみましょう。

I ran as fast as possible.
「私はできるだけ速く走りました。」

as 〜 as の中には原級が入るので、注意してください。

さらに、possible の部分は one（主格）can で書きかえることもできます。たとえば上記の文は、

I ran as fast as I could.
「私はできるだけ速く走りました。」

のようにも表せるのです。

● そのまま使える暗唱例文ベスト10 ●

覚えておくと、とっさのときにそのまますぐに使えます。
くり返し声に出して覚えましょう。

次の英文を暗唱しましょう。

- ☐ **1.** Tokyo is one of the largest cities in the world.
- ☐ **2.** Yokohama is one of the largest cities in Japan.
- ☐ **3.** This is the largest tiger that I have ever seen.
- ☐ **4.** This is the most beautiful flower that I have ever seen.
- ☐ **5.** He ran as fast as possible.
- ☐ **6.** Work as hard as possible.
- ☐ **7.** Cathy is one of the most beautiful girls in her class.
- ☐ **8.** Tom is one of the naughtiest boys in his class.
- ☐ **9.** He is the strongest man that I have ever met.
- ☐ **10.** Nancy is the prettiest girl that I have ever met.

そのまま使える暗唱例文ベスト10

この単元も公式としては数多くありますが、一通り理解できたらやはり英文を暗記してしまうことが上達の近道です。まず、これらの暗唱例文を記憶してみましょう。

日本語訳

☐ **1.** 東京は世界で最も大きな都市の1つです。

☐ **2.** 横浜は日本の最大の都市の1つです。

☐ **3.** これは私が今までに見た中で一番大きなトラです。

☐ **4.** これは私が今までに見た中で一番きれいな花です。

☐ **5.** 彼はできるだけ速く走りました。

☐ **6.** できるだけ一生懸命に働きなさい。

☐ **7.** キャシーはクラスで最も美しい女の子の1人です。

☐ **8.** トムはクラスで最もいたずらな少年の1人です。

☐ **9.** 彼は私が今まで会った中で一番強い人です。

☐ **10.** ナンシーは私が今まで会った中で一番かわいい女の子です。

● 練習英作文ベスト10 ●

次の日本文を英文に訳してみましょう。

☐ **1.** 信濃川は日本のほかのどの川よりも長いです。

☐ **2.** 信濃川より長い川は日本にはほかにありません。

☐ **3.** 健康より重要なものはほかにありません。

☐ **4.** 健康はほかのどんなものよりも重要です。

☐ **5.** トムはクラスのほかのどんな少年よりも背が高いです。

☐ **6.** ロンドンは世界で最も大きな都市の1つです。

☐ **7.** これは私が今まで見た中で一番大きな猫です。

☐ **8.** アンディはできるだけ一生懸命に働きました。

☐ **9.** キャシーはクラスで最もかわいい女の子の1人です。

☐ **10.** メアリーは私が今まで会った中で一番やさしい女の子です。

🄷🄸🄽🅃🅂

1. 「ほかのどの川よりも」は than any other river です。
2. No other river で書き始めます。
3. Nothing で始めましょう。
4. 「ほかのどんなものよりも」は than any other thing です。
5. 「ほかのどんな少年よりも」は than any other boy ですね。
6. city の複数形は cities となります。
7. 「私が今まで見た中で」は that I have ever seen ですね。
8. 「できるだけ一生懸命に」は as hard as possible です。
9. pretty の最上級は prettiest ですね。
10. 「私が今まで会った中で」は that I have ever met でOKです。

解答例
1. The Shinano is longer than any other river in Japan.
2. No other river in Japan is longer than the Shinano.
3. Nothing is more important than health.
4. Health is more important than any other thing.
5. Tom is taller than any other boy in his class.
6. London is one of the largest cities in the world.
7. This is the biggest cat that I have ever seen.
8. Andy worked as hard as possible.
9. Cathy is one of the prettiest girls in her class.
10. Mary is the kindest girl that I have ever met.

ことわざそぞろ歩き ⑤

Two heads are better than one.
「三人寄れば文殊(もんじゅ)の知恵」

▶ better than ～「～より良い」という比較級が使われていて、one の後には head が省略されています。日本のことわざでは「三人」なのに、英語では「二つの頭は一つより良い」というところがおもしろいですね。

Honesty is the best policy.
「正直は最善の策」

▶ この文では、the best ～「最善の～」という最上級が使われています。「正直は最善の策」ということわざがある一方で、英語にも The end justifies the means.「目的は手段を正当化する。＝嘘も方便」ということわざもあります。

6日目

やっかいな関係詞をまとめて整理しよう！

ここで学習する関係詞は日本語にはない概念なので、
少し難しく感じるかもしれませんが、
慣れてしまえば違和感もなくなります。
そのためにはコツを会得したら、
必ず例文を暗唱してください。
英文を暗記するとさまざまな面で効力を発揮します。

1 関係代名詞の主格

2 関係代名詞の所有格

3 関係代名詞の目的格

4 関係代名詞のwhat

5 関係副詞

1 関係代名詞の主格

● ● プロローグ ● ●

みなさんは4日目の準動詞でさまざまな用法を学びましたが、これからさらに複雑な修飾関係を学習してみましょう。

まず、次の例文を見てください。

Look at the dog 〈which is running in the park〉.
「〈公園で走っている〉犬を見なさい。」

この文では、〈 〉の部分が後ろから前の名詞 dog を修飾していますね。このように後ろから修飾する用法を「後置修飾」と呼びます。

日本語ではすべて前から修飾するので、日本人にとっては、わかりにくい用法の1つです。今まで学んだ分詞や不定詞も後置修飾ですが、これから学習する「関係詞」は後置修飾の代表選手といえます。ではまず関係詞の構造を公式として示してみましょう。

　　関係詞の構造 ⇒ 名詞（先行詞）〈関係詞……〉

この公式では関係詞以下が前の名詞を修飾するわけですが、この名詞のことを「先行詞」と呼びます。関係詞そのものは意味を持たず、後ろの文を前の先行詞に結びつける接続詞と考えてください。

これから学習する「関係代名詞」も後で登場する「関係副詞」も同じ文構造になります。では1つ1つ見ていきましょう。

・・主格の用法・・

まず、次の例文を見てください。

I know the boy 〈who is standing over there〉.
「私は〈向こうに立っている〉少年を知っています。」

この〈 〉の中の who は関係代名詞の「主格」と呼ばれます。それは主語のかわりをしているからです。この「格」を決定づけるのは直前にある先行詞です。先行詞は、「人」「物」「人+物」の3つにわけられますが、それぞれの先行詞に違う関係代名詞がつきます。以上を公式にしてまとめてみましょう。

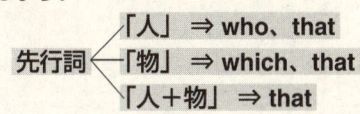

```
              「人」   ⇒ who、that
先行詞 ───── 「物」   ⇒ which、that
              「人+物」 ⇒ that
```

そしてさらに、関係代名詞の後には動詞が続くのですが、この動詞は先行詞に合わせなければいけません。以上のことをふまえてもう一度上記の例文を見てみましょう。

先行詞は boy(少年)で「人」ですね。ですから関係代名詞は who が使われていることがわかります。さらに動詞は先行詞に合わせるので、is になっているのです。なお、公式を見てわかると思うのですが that は先行詞が何であっても適用されます。

● そのまま使える暗唱例文ベスト10 ●

覚えておくと、とっさのときにそのまますぐに使えます。
くり返し声に出して覚えましょう。

次の英文を暗唱しましょう。

☐ **1.** Look at the dog which is running in the park.

☐ **2.** Look at the bird which is flying in the sky.

☐ **3.** I know the boy who is standing over there.

☐ **4.** He lives in the house which stands on the hill.

☐ **5.** He has a friend who works for a bank.

☐ **6.** I want to eat the cake which is on the table.

☐ **7.** Tom has a friend who lives in California.

☐ **8.** Cathy didn't know the girl who was sitting on the bench.

☐ **9.** What is the animal which is lying on the grass?

☐ **10.** Do you know the woman who is shopping at the store?

そのまま使える暗唱例文ベスト10

主格の関係代名詞は先行詞によって変わってくるので、まずは先行詞をはっきりと見きわめましょう。それによって関係代名詞を決めるのです。

日本語訳

☐ **1.** 公園の中を走っている犬を見なさい。

☐ **2.** 空を飛んでいる鳥を見なさい。

☐ **3.** 私は向こうに立っている少年を知っています。

☐ **4.** 彼は丘の上に立っているその家に住んでいます。

☐ **5.** 彼には銀行に勤めている友人がいます。

☐ **6.** 私はテーブルの上にあるケーキが食べたい。

☐ **7.** トムにはカリフォルニアに住んでいる友人がいます。

☐ **8.** キャシーはベンチに座っている女の子を知りませんでした。

☐ **9.** 芝生の上に横たわっているその動物は何ですか。

☐ **10.** あなたはその店で買い物をしているその女性を知っていますか。

練習英作文ベスト10

次の日本文を、関係代名詞を使って英語で書いてみましょう。

- [ ] **1.** 公園で遊んでいる子供たちを見なさい。

- [ ] **2.** あなたはあそこに立っている女の子を知っていますか。

- [ ] **3.** 彼女にはカナダに住んでいる友人がいます。

- [ ] **4.** 門の前で煙草を吸っている人は誰ですか。

- [ ] **5.** 私はその店で買い物をしている女性を知りません。

- [ ] **6.** トムには今、入院している叔父さんがいます。

- [ ] **7.** メアリーは日本製の車を持っています。

- [ ] **8.** 私はキャシーによって描かれた絵が好きです。

- [ ] **9.** 公園の中を走っている犬はとても大きい。

- [ ] **10.** アンディはコペンハーゲンで作られた皿を持っています。

ＨＩＮＴＳ

1. 「公園で遊んでいる」は現在進行形ですね。
2. 「あそこで」は over there を使います。
3. 「住んでいる」は状態なので進行形にはしませんね。
4. 「煙草を吸っている」は進行形、smoking ですね。
5. 「買い物をしている」は進行形で shopping です。
6. 「入院している」は be in hospital という熟語を使います。
7. 「日本製の車」は「日本で作られた車」と考えます。
8. 「キャシーによって描かれた」は painted by Cathy でＯＫ！
9. 「公園の中を走っている」は現在進行形にします。
10. 「コペンハーゲン」は Copenhagen とつづります。

解答例
1. Look at the children who are playing in the park.
2. Do you know the girl who is standing over there?
3. She has a friend who lives in Canada.
4. Who is the man that is smoking in front of the gate?
5. I don't know the woman who is shopping at the store.
6. Tom has an uncle who is in hospital now.
7. Mary has a car which was made in Japan.
8. I like the picture which was painted by Cathy.
9. The dog which is running in the park is very big.
10. Andy has dishes which were made in Copenhagen.

2 関係代名詞の所有格

● ● 所有格の用法 ● ●

2時間目は関係代名詞の「所有格」を学習しましょう。たとえば、「髪が茶色の女性」のように、所有物を引き合いに出して、その所有者となる先行詞を修飾する関係代名詞を「所有格」といい、その関係代名詞は whose を使います。では具体的な例文で説明しましょう。

I know the lady 〈whose hair is brown〉.
「私は〈髪が茶色の〉その女性を知っています。」

この場合、所有物である「茶色の髪」が文で表現されていて、その文を、関係代名詞の whose が所有者である先行詞に接続していることがわかると思います。訳し方は主格の関係代名詞と同じように、〈 〉の中の文を先行詞にかけて訳せばOKです。

この whose は先行詞が「人」でも「物」でも両方に使えるので、むしろ「主格」や「目的格」よりも簡単に感じるかもしれません。

••もう1つの所有格••

次の例文を見てください。

Look at the house 〈whose roof is blue〉.
「屋根が青いその家を見なさい。」

実は所有格には、もう1つの表現方法があります。最初の所有格とあわせて、2種類の公式を提示しましょう。

所有格1 ⇒ 先行詞＋ whose ＋名詞
所有格2 ⇒ 先行詞＋ the ＋名詞 of which

上記の例文を「所有格2」の言い方で表してみましょう。

Look at the house 〈the roof of which is blue〉.
「屋根が青いその家を見なさい。」

どちらの言い方であるにせよ、〈 〉の中の文を先行詞にかけて訳す、という点では同じですね。

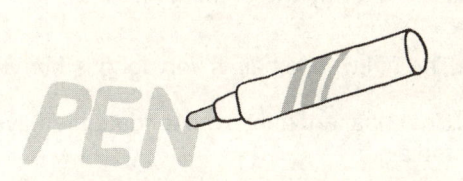

● そのまま使える暗唱例文ベスト10 ●

覚えておくと、とっさのときにそのまますぐに使えます。
くり返し声に出して覚えましょう。

次の英文を暗唱しましょう。

☐ **1.** I know the lady whose hair is brown.

☐ **2.** Look at the house whose roof is blue.

☐ **3.** Look at the house the roof of which is blue.

☐ **4.** We know the boy whose father is a pilot.

☐ **5.** The girl whose eyes are blue is Cathy.

☐ **6.** I know a boy whose name is Andy.

☐ **7.** The girl whose hair is very long is Mary.

☐ **8.** She has an aunt whose daughter lives in India.

☐ **9.** Look at the mountain whose top is white.

☐ **10.** Look at the mountain the top of which is white.

そのまま使える暗唱例文ベスト10

所有格の関係代名詞 whose の場合、その次には必ず名詞がくるのでわかりやすいかもしれません。先行詞は人でも物でも whose を使います。

日本語訳

☐ **1.** 私は髪が茶色いその女性を知っています。

☐ **2.** 屋根が青いその家を見なさい。

☐ **3.** 屋根が青いその家を見なさい。

☐ **4.** 私たちは父親がパイロットであるその少年を知っています。

☐ **5.** 目が青いその少女はキャシーです。

☐ **6.** 私は名前がアンディという少年を知っています。

☐ **7.** 髪がとても長いその少女はメアリーです。

☐ **8.** 彼女には娘がインドに住んでいる叔母がいます。

☐ **9.** 頂上が白いその山を見なさい。

☐ **10.** 頂上が白いその山を見なさい。

練習英作文ベスト10

次の日本文を、関係代名詞の所有格を使って英語で書いてみましょう。

☐ **1.** あなたは髪が茶色いその少年を知っていますか。

☐ **2.** 屋根が赤いその家は私の家です。

☐ **3.** 私はお父さんが医者である女の子を知っています。

☐ **4.** メアリーは目が青い女の子です。

☐ **5.** 髪の長い女の子はキャシーですか。

☐ **6.** あなたは名前がアンディという少年を知っていますか。

☐ **7.** 私たちには、息子が今ロンドンにいるおじさんがいます。

☐ **8.** 頂上が白いその山は富士山です。

☐ **9.** 窓が壊れているその家は去年建てられました。

☐ **10.** トムは足の長い少年です。

HINTS

1. 「髪が茶色い」はwhose hair is brownで表せます。
2. 「屋根が赤い」は whose roof is red ですね。
3. 「お父さんが医者である」は whose father is a doctor です。
4. 「目が青い」は whose eyes are blue でOK！
5. 「髪の長い」は whose hair is long となります。
6. 「名前がアンディという」は whose name is Andy ですね。
7. 「息子が今ロンドンにいる」は whose son is in London now です。
8. 「頂上が白い」は whose top is white で表せます。
9. 「窓が壊れている」は whose window is broken でOKです。
10. 「足の長い」は whose legs are long となりますね。

解答例
1. Do you know the boy whose hair is brown?
2. The house whose roof is red is my house.
3. I know the girl whose father is a doctor.
4. Mary is the girl whose eyes are blue.
5. Is the girl whose hair is long Cathy?
6. Do you know the boy whose name is Andy?
7. We have an uncle whose son is in London now.
8. The mountain whose top is white is Mt. Fuji.
9. The house whose window is broken was built last year.
10. Tom is a boy whose legs are long.

3 関係代名詞の目的格

● ● 目的格の用法 ● ●

みなさんはすでに関係代名詞の主格、所有格を学びましたが、最後は目的格を学習しましょう。

まずは公式を示してみましょう。

先行詞 ─┬─「人」 ⇒ who(m)、that
　　　　├─「物」 ⇒ which、that
　　　　└─「人＋物」 ⇒ that

公式を見ておわかりのように、「目的格」では先行詞が「人」の時にwhoとwhomの両方が用いられる、ということ以外は、「主格」とほとんど同じです。

では、例文で詳しく見てみましょう。

This is the boy 〈(whom) I know very well〉.
「こちらは〈私がとてもよく知っている〉少年です。」

この whom が目的格と呼ばれるものですが、それは本来、know「知っている」の目的語のかわりをしているからです。

したがって、目的格の関係代名詞の後にはS＋Vが続きますが、O（目的語）が欠けている不完全な文になっていることが理解できると思います。また、whom が（　　）になっているのは、目的格は省略が可能だからです。

口語体ではwhoを、文語体ではwhomを使う傾向がありますが、省略してしまえば関係ありませんね。訳し方は「主格」や「所有格」と同じように、関係代名詞以下の、〈　〉の

部分を前の先行詞 boy にかけて訳せばOKです。

公式を見て気づくと思いますが、主格の場合と同様に目的格でも、関係代名詞の that はすべての先行詞に適用されます。

つまり左ページの例文は that を使っても表すことができるのです。

This is the boy 〈(that) I know very well〉.
「こちらは〈私がとてもよく知っている〉少年です。」

● そのまま使える暗唱例文ベスト10 ●

覚えておくと、とっさのときにそのまますぐに使えます。
くり返し声に出して覚えましょう。

次の英文を暗唱しましょう。

☐ **1.** This is the boy whom I know very well.

☐ **2.** This is the girl whom I like very much.

☐ **3.** Look at the cat which we have.

☐ **4.** The thing which you said is true.

☐ **5.** The subject which he is studying now is chemistry.

☐ **6.** This is all that I have to say.

☐ **7.** This is the book which Tom bought the day before yesterday.

☐ **8.** Andy likes the car which he bought last year.

☐ **9.** Kamakura is a city which has a long history.

☐ **10.** Mary is the prettiest girl that I have ever met.

そのまま使える暗唱例文ベスト10

目的格を表す関係代名詞の次には主語と述語が続きます。目的格も主格と同様、先行詞によって関係代名詞が違うので注意が必要です。

日本語訳

☐ **1.** こちらは私がとてもよく知っている少年です。

☐ **2.** こちらは私が大好きな少女です。

☐ **3.** 私たちが飼っている猫を見なさい。

☐ **4.** あなたが言ったことは本当です。

☐ **5.** 彼が今勉強している学科は化学です。

☐ **6.** これが、私が言うべきすべてのことです。

☐ **7.** これはおとといトムが買った本です。

☐ **8.** アンディは去年買った車を気に入っています。

☐ **9.** 鎌倉は長い歴史のある街です。

☐ **10.** メアリーは私が今まで会った中で一番かわいい女の子です。

練習英作文ベスト10

次の日本文を、関係代名詞の
目的格を使って英語で書いてみましょう。

☐ **1.** こちらは、私がとてもよく知っている女の子です。

☐ **2.** こちらが、あなたが好きな女の子ですか。

☐ **3.** あなたが飼っている犬は今公園で遊んでいます。

☐ **4.** 彼が言ったことは本当ではありません。

☐ **5.** キャシーが今勉強している学科は数学です。

☐ **6.** これが今私が知っているすべてです。

☐ **7.** ここはトムが昨日訪れた家ですか。

☐ **8.** メアリーはおととい買った絵を気に入っています。

☐ **9.** 横浜はアンディがとても好きな街です。

☐ **10.** これは私が今まで見た中で一番大きな鳥です。

HINTS

1. 「私がとてもよく知っている」は whom I know very well です。
2. 「あなたが好きな」は whom you like ですね。
3. 「飼っている」は「持っている」と考えましょう。
4. 先行詞は the thing になります。
5. 「学科」は subject、「数学」は mathematics とつづります。
6. 「私が知っているすべて」は all that I know で OKです。
7. 「訪れる」は visit で、規則動詞です。
8. 「おととい」は the day before yesterday でしたね。
9. 「アンディがとても好きな」も Andy likes very much で表せます。
10. 「私が今まで見た中で」は that I have ever seen でしたね。

解答例
1. This is the girl whom I know very well.
2. Is this the girl whom you like?
3. The dog which you have is playing in the park now.
4. The thing which he said is not true.
5. The subject which Cathy is studying now is mathematics.
6. This is all that I know now.
7. Is this the house which Tom visited yesterday?
8. Mary likes the picture which she bought the day before yesterday.
9. Yokohama is the city which Andy likes very much.
10. This is the biggest bird that I have ever seen.

4 関係代名詞の what

•• What の用法 ••

今まで学習してきたように、関係代名詞には、常に先行詞があるものですが、実は掟破りの関係代名詞があります。それは what です。まずは例文を見てください。

A. That is 〈what happened yesterday〉.
「それは〈昨日起こったこと〉です。」
B. This is 〈what I like very much〉.
「これは〈私がとても好きなもの〉です。」

上記の例文を見て今までの関係代名詞と違うことに気づきましたか。そうですね、先行詞がありません。さらに what というのも見慣れない関係代名詞です。

実はこの what の正体は、「その中に先行詞を含む関係代名詞」なのです。そういう意味では、「先行詞がない」というのは正しい説明ではありませんね。この場合の隠されている先行詞は thing(s) で、「もの、こと」という意味になります。

以上の説明から what を分解してみると、

　what = the thing(s) which 〜
　　　　「〜するもの、〜すること」

となることが理解できたと思います。これはぜひ公式として覚えてください。

さて、もう一度例文を見てください。Aの文では what の後にVが続いていることから、「主格」として、Bの文では

what の後に S + V が続いていることから、「目的格」として機能していることがわかると思います。

以上の説明を公式化してみましょう。

what + V =「Vすること、もの」 ⇒ Aの例文
what + S + V =「SがVすること、もの」 ⇒ Bの例文

以上のことから、what は従来の関係代名詞とはことなり、中に先行詞を含むので、Aの例文もBの例文も、〈 〉の中だけで独立した文が成立するのです。

そのまま使える暗唱例文ベスト10

覚えておくと、とっさのときにそのまますぐに使えます。
くり返し声に出して覚えましょう。

次の英文を暗唱しましょう。

- ☐ **1.** This is what happened yesterday.

- ☐ **2.** This is what I like very much.

- ☐ **3.** You should do what is right.

- ☐ **4.** What he said is true.

- ☐ **5.** Is this what you want?

- ☐ **6.** This is what Tom wants to know.

- ☐ **7.** What your teacher says is not always right.

- ☐ **8.** What Mary wants to buy is a bag.

- ☐ **9.** We must do what is necessary for us.

- ☐ **10.** What is needed is love.

そのまま使える暗唱例文ベスト10

関係代名詞の what は先行詞を含む用法ですが、その後に主語と述語が続く場合と述語だけが続く場合があるので、慣れが必要です。

日本語訳

- □ 1. これが昨日起こったことです。
- □ 2. これは私が大好きなものです。
- □ 3. あなたは正しいことをするべきです。
- □ 4. 彼が言ったことは本当です。
- □ 5. これはあなたが欲しがっているものですか。
- □ 6. これはトムが知りたがっていることです。
- □ 7. あなたの先生が言うことは必ずしも正しいわけではありません。
- □ 8. メアリーが買いたがっているものは鞄です。
- □ 9. 私たちは、私たちにとって必要なことをしなければなりません。
- □ 10. 必要なのは愛です。

5 関係副詞

●・関係副詞の用法・●

関係詞の最後は関係副詞です。関係代名詞と関係副詞の違いは何なのでしょう。

みなさんが今まで学習した関係代名詞は、人称代名詞の中の「主格」「所有格」「目的格」がそれぞれ関係代名詞に姿を変え、後の文を先行詞に結びつける役割をするものでした。したがって、関係代名詞以下の文の中では「主語」「所有の代名詞」「目的語」のどれかが欠落した不完全な文になっていましたね。

いっぽう、これから学習する関係副詞は、副詞語句が関係副詞に姿を変え、先行詞に結びつける役割をするものです。副詞は文の要素にはならない言葉ですので、それがなくなったとしても関係副詞以下の文はちゃんとした形になっている、というのが大きな違いと言えます。では、具体的に例文を見てみましょう。

A. Do you remember the day 〈when you met Andy〉?
「〈あなたがアンディに会った〉日をあなたは覚えていますか。」

B. That is the house 〈where he lived in his youth〉.
「それは〈彼が若いころ住んでいた〉家です。」

C. Tell me the reason 〈why you were absent yesterday〉.
「〈あなたが昨日、欠席した〉理由を私に言いなさい。」

　関係副詞も関係代名詞と同様に、先行詞によって形が決まるのです。

　関係副詞は大きく分類して3つあります。when、where そして why です。まず、Aでは、先行詞が day、つまり「時」を表す語句になっています。このような時には関係副詞は when が使われます。Bでは先行詞が house、すなわち「場所」を表す語句が、Cでは reason という「理由」を表す語句がきているので、それぞれ関係副詞は where と why が使われています。

　以上をまとめて公式化してみましょう。

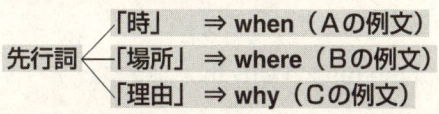

```
             ┌「時」  ⇒ when （Aの例文）
  先行詞 ────┼「場所」⇒ where（Bの例文）
             └「理由」⇒ why （Cの例文）
```

　これら関係副詞自体には意味はなく、接続詞的な役割しか果たしていないということと、例文の中の〈　〉の部分を先行詞にかけて訳す、という点では関係代名詞と同じですね。

そのまま使える暗唱例文ベスト10

覚えておくと、とっさのときにそのまますぐに使えます。
くり返し声に出して覚えましょう。

次の英文を暗唱しましょう。

- [ ] **1.** Do you remember the day when you met Andy?
- [ ] **2.** That is the house where he lived in his youth.
- [ ] **3.** Tell me the reason why you were absent yesterday.
- [ ] **4.** November is the month when my father was born.
- [ ] **5.** This is the town where we spent our childhood.
- [ ] **6.** Is that the reason why they like Mary?
- [ ] **7.** Sunday is the day when we have no school.
- [ ] **8.** This is the hotel where Cathy will stay.
- [ ] **9.** Andy had the reason why he was late.
- [ ] **10.** July is the month when my mother was born.

そのまま使える暗唱例文ベスト10

関係副詞は主に3つありましたね。when、where そして why です。それぞれを決定づけるものは、その先行詞なので見極める注意力が必要です。

日本語訳

☐ **1.** あなたは、あなたがアンディに会った日を覚えていますか。

☐ **2.** あれは彼が若いときに住んでいた家です。

☐ **3.** あなたが昨日欠席した理由を私に言いなさい。

☐ **4.** 11月は父が生まれた月です。

☐ **5.** ここは私たちが子供時代を過ごした町です。

☐ **6.** それが、彼らがメアリーを好きな理由ですか。

☐ **7.** 日曜日は、私たちは学校がない日です。

☐ **8.** ここはキャシーが泊まる予定のホテルです。

☐ **9.** アンディには遅刻した理由がありました。

☐ **10.** 7月は母が生まれた月です。

練習英作文ベスト10

次の日本文を1～5はwhatを使って、
6～10は関係副詞を使って英語で書いてみましょう。

☐ 1. これはおととい起こったことです。

☐ 2. これはあなたが好きなものですか。

☐ 3. 間違ったことをするべきではありません。

☐ 4. トムが買いたいと思っているものは車です。

☐ 5. あなたは、あなたにとって重要なことをするべきです。

☐ 6. 私はキャシーに会った日を覚えています。

☐ 7. あれはあなたが若いころ住んでいた家ですか。

☐ 8. 私は、昨日メアリーが遅刻した理由を知っています。

☐ 9. 6月は私の妹が生まれた月です。

☐ 10. 日曜日は、私たちは仕事がない日です。

HINTS

1. 「起こったこと」は what happened で表せます。
2. 「あなたが好きなもの」は what you like です。
3. 「間違ったこと」は what is wrong となります。
4. 「買いたいと思っている」は「買うことを望んでいる」と考えます。
5. 「重要なこと」は what is important でOKです。
6. 先行詞は「日」なので関係副詞は when ですね。
7. 先行詞は「家」ですから関係副詞は where です。
8. 先行詞は「理由」ですから why を使います。
9. 先行詞は「月」なので when ですね。
10. 「私たちは仕事がない」は we have no work でOK！

解答例
1. This is what happened the day before yesterday.
2. Is this what you like?
3. You should not do what is wrong.
4. What Tom wants to buy is a car.
5. You should do what is important to you.
6. I remember the day when I met Cathy.
7. Is that the house where you lived in your youth?
8. I know the reason why Mary was late yesterday.
9. June is the month when my sister was born.
10. Sunday is the day when we have no work.

ことわざ そぞろ歩き 6

Heaven helps those who help themselves.

「天は自ら助くる者を助く」

▶主格の関係代名詞、who が使われていますね。先行詞の those は「人々」の意味です。「天は、自ら助かろうと努力をする人々を見捨てない」という意味です。

Never put off till tomorrow what you can do today.

「今日できることを明日に延ばすな」

▶この what は先行詞を含む関係代名詞なので、「〜すること、〜するもの」と訳します。put off は「延期する」という熟語です。また、Never のかわりに Don't ではじまる英文もありますが、同じ意味です。

7日目

仮定法を勉強して
レベルアップだ！

いよいよ最終日です。
この6日間でみなさんはさまざまな形態の英文を
表現できるようになったと思います。
これから学習する仮定法をマスターすれば、
ほとんどの英文は表現できるはずです。
ぜひ、最後の1行まで読み通し、
有終の美を飾ってください。

1 等位接続詞と従位接続詞

2 仮定法過去

3 仮定法過去完了

4 仮定法の慣用表現

5 原形不定詞

1 等位接続詞と従位接続詞

●●2種類の接続詞●●

仮定法に入る前に、要(かなめ)となる接続詞を学習しておきましょう。接続詞には大きくわけて2種類あります。次の例文を見てください。

A. I like dogs, and you like cats.
「私は犬が好きです、そしてあなたは猫が好きです。」

B. When he came here, he was angry.
「彼がここへ来たとき、彼は怒っていました。」

Aの文では、「私は犬が好きです」という文と、「あなたは猫が好きです」という対等な関係にある内容の文を、andという接続詞が結びつけていますね。このように対等な関係にある語、句(語の集まり)、節(文)どうしを結びつける接続詞を、「等位接続詞」といいます。等位接続詞にはandのほかに、but、or、so、for、nor、yetなどがあります。

いっぽう、Bの文はどうでしょう。「彼がここへ来たとき」という文と「彼は怒っていました」という文の内容は対等ではありませんね。この主文は後者であり、前者は後者を修飾している、つまり後者に従属していますね。このように従属している節を「従節」、そして主文となる節を「主節」といいますが、これらの節を結びつけているのが「従位接続詞」と呼ばれるものです。「従位接続詞」は「等位接続詞」のように、文と文の間に置かれるのではなく、従節の文頭に置か

れ、従節をまとめ、主節を修飾する役目をしています。
　そしてこの従節は文頭だけでなく、文中や文末にも置かれます。
「従位接続詞」は例文の when のほかに if、though、because などがあります。これらをまとめてみましょう。

　　when S + V　　「SがVするとき」
　　if S + V　　　 「SがVするならば」
　　though S + V　「SがVするけれども」
　　because S + V「SがVするので」

最後にこれらの接続詞を公式としてまとめておきます。

「等位接続詞」⇒ 対等な語、句、節どうしを結び
　　　　　　　　つける接続詞
　　and、but、or、so、for、nor、yet など
「従位接続詞」⇒ 従節を主節に結びつける接続詞
　　when、if、though、because など

● そのまま使える暗唱例文ベスト10 ●

覚えておくと、とっさのときにそのまますぐに使えます。
くり返し声に出して覚えましょう。

次の英文を暗唱しましょう。

☐ **1.** I like dogs, and you like cats.

☐ **2.** He is young, but very clever.

☐ **3.** Which do you like better, spring or fall?

☐ **4.** Cathy is very kind, so she is liked by everyone.

☐ **5.** She must be ill, for she looks pale.

☐ **6.** When he came here, he was angry.

☐ **7.** If you take this medicine, you will feel better.

☐ **8.** Though we failed, we will try again.

☐ **9.** I like him because he is honest.

☐ **10.** When the cat is away, the mice will play.

● そのまま使える暗唱例文ベスト10 ●

接続詞には等位接続詞と従位接続詞がありますが、その文法的な名称よりもそれぞれの使われ方を、英文の中で確認していきましょう。

日本語訳

☐ **1.** 私は犬が好きです、そしてあなたは猫が好きです。

☐ **2.** 彼は若いがとてもかしこいです。

☐ **3.** あなたは春と秋ではどちらが好きですか。

☐ **4.** キャシーはとても親切です、だから彼女はみんなに好かれています。

☐ **5.** 彼女は具合が悪いに違いない、というのは、青白い顔をしているからです。

☐ **6.** 彼がここへ来たとき、彼は怒っていました。

☐ **7.** もしあなたがこの薬を飲めば、あなたは気分がよくなるでしょう。

☐ **8.** 私たちは失敗したけれども、もう一度やってみます。

☐ **9.** 彼は正直なので、私は彼のことが好きです。

☐ **10.** 猫がいないとき、ネズミは遊ぶ。(鬼の居ぬ間に洗濯。)

練習英作文ベスト10

次の日本文を英文に訳してみましょう。

☐ **1.** 私は夏が好きです、そしてあなたは秋が好きです。

☐ **2.** 彼は強いのですが、とてもやさしいです。

☐ **3.** トムはそこへ電車で行きましたか、それともバスで行きましたか。

☐ **4.** メアリーはとても親切です、だからみんな彼女が好きです。

☐ **5.** メアリーはみんなに好かれています。というのは、彼女はとても親切だからです。

☐ **6.** 彼女がここへ来たとき、彼女は泣いていました。

☐ **7.** もし明日、雨が降れば、彼らは来ないでしょう。

☐ **8.** 彼はとても賢いけれども、親切ではありません。

☐ **9.** 彼は病気だったので、泳ぎに行けませんでした。

☐ **10.** 私たちがそこへ着いたとき、雨が降っていました。

HINTS

1. 等位接続詞 and を使います。
2. 等位接続詞 but を使います。
3. 「電車で」は by train、「バスで」は by bus となります。
4. 「だから」は等位接続詞の so を使いましょう。
5. 「というのは」は for を使いますが、直前にカンマを置きます。
6. 「〜したとき」は従位接続詞の when でしたね。
7. 「もし〜すれば」は従位接続詞の if を使います。
8. 「〜だけれども」は従位接続詞の though でしたね。
9. 「〜なので」は because のほかに、as や since も使われます。
10. 「雨が降っていました」は過去進行形ですね。

解答例
1. I like summer, and you like autumn.
2. He is strong, but he is very kind.
3. Did Tom go there by train or by bus?
4. Mary is very kind, so everybody likes her.
5. Mary is liked by everybody, for she is very kind.
6. When she came here, she was crying.
7. If it rains tomorrow, they will not come.
8. Though he is very clever, he is not kind.
9. Because he was ill, he could not go swimming.
10. When we reached there, it was raining.

2 仮定法過去

・・仮定法過去の用法・・

「仮定法」とは、実際にはあり得ないことを表現するときに使われる動詞の形態です。

「実際にはあり得ないこと」には現在を基準とした場合と、過去を基準とした場合の2種類がありますが、この時間では「現在においてあり得ないこと」を勉強しましょう。

まずは、次の日本文を見てください。

「もし私が鳥ならば、私はあなたのところへ飛んでいくのに。」

この文の内容は、「現在においてあり得ないこと」ですね。このような文を英語で表現するためには、「仮定法過去」を用います。では、それを公式化してみましょう。

仮定法過去 ⇒ If S①＋Vp～, S②＋would＋V～.
「もしS①がVpならば、S②はVするだろう。」

この公式に従えば、上記の日本文は次のような英文になりますね。

If I were a bird, I would fly to you.

「仮定法過去」は、話の内容は「現在」ですが、動詞に「過去形」が使われるので、「仮定法過去」と呼ばれているのです。さらに、本来主語のIにつくbe動詞はwasのはずですが、仮定法過去ではbe動詞はすべてwereが主に使われます。次に主節の助動詞ですが、例文のwould（～するだろう）のほかに、might（～かもしれない）や、could（～で

きるだろう）なども使われるので文脈に応じて使いわけるようにしましょう。

さらに、If を省略した倒置形もあります。
次の公式を見てください。

倒置形 ⇒ Be 動詞
　　　　　助動詞 ｝＋ S ①〜 ,
　　　　　S ②＋ would ＋ V 〜 .

「もし S ①が〜ならば、S ②は V するだろう。」

この倒置形は文頭の接続詞の If を省略し、be 動詞や助動詞を文頭に出します。
では、上記の例文を使って確認してみましょう。

Were I a bird, I would fly to you.
「もし私が鳥ならば、私はあなたのところへ飛んでいくのに。」

この形式は、be 動詞と助動詞は倒置形にできますが、基本的に一般動詞はできないので、注意してください。

● そのまま使える暗唱例文ベスト10 ●

覚えておくと、とっさのときにそのまますぐに使えます。
くり返し声に出して覚えましょう。

次の英文を暗唱しましょう。

□ **1.** If I were a bird, I would fly to you.

□ **2.** If I knew the fact, I would tell you.

□ **3.** If it were fine today, we could go swimming.

□ **4.** If you had a car, you might go for a drive.

□ **5.** If I were rich, I could buy the house.

□ **6.** Were I a bird, I would fly to you.

□ **7.** Were it fine today, we could go swimming.

□ **8.** Were I rich, I could buy the house.

□ **9.** If Tom knew her address, he would write to her.

□ **10.** Were I in your place, I would not write to Cathy.

そのまま使える暗唱例文ベスト10

仮定法過去はまず、公式をしっかりと覚えましょう。ポイントは過去形が使われていますが、その内容は現在を表しているということです。

日本語訳

☐ **1.** もし私が鳥ならば、あなたのところへ飛んで行くのに。

☐ **2.** もし私がその事実を知っているならば、あなたに話すのに。

☐ **3.** もし今日晴れているなら、私たちは泳ぎに行けるのに。

☐ **4.** もしあなたが車を持っているなら、あなたはドライブに行くかもしれないのに。

☐ **5.** もし私が金持ちならば、その家が買えるのに。

☐ **6.** もし私が鳥ならば、あなたのところへ飛んで行くのに。

☐ **7.** もし今日晴れているなら、私たちは泳ぎに行けるのに。

☐ **8.** もし私が金持ちならば、その家が買えるのに。

☐ **9.** もしトムが彼女の住所を知っているならば、彼は彼女に手紙を書くだろうに。

☐ **10.** もし私があなたの立場なら、私はキャシーに手紙を書かないのだが。

練習英作文ベスト10

次の日本文を英文に訳してみましょう。

☐ 1. もし私に翼があれば、空を飛ぶのに。

☐ 2. もし彼がここにいるなら、彼は私を助けてくれるだろうに。

☐ 3. もし私がその事実を知っているなら、彼女に話すのに。

☐ 4. もし今日晴れているなら、私たちは野球ができるのに。

☐ 5. もしあなたに車があれば、私たちはドライブに行くことができるのに。

☐ 6. もし私が金持ちならば、私はその車が買えるのに。

☐ 7. もし私に子供がいなければ、あなたと結婚するのに。

☐ 8. もし私が暇ならば、私は映画を見に行くのに。

☐ 9. もしトムが忙しくなければ、彼は泳ぎに行くだろうに。

☐ 10. もしキャシーがここにいたら、あなたはどうしますか。

HINTS

1. 「翼がある」は「翼を持っている」と考えます。
2. 「いる」は be 動詞でOKです。
3. 「その事実」は the fact ですね。
4. 前半の主語は it、be 動詞は were を使います。
5. 「ドライブに行く」は go for a drive でしたね。
6. be 動詞は were を使います。
7. 「私に子供がいない」は、I have no child でOK！
8. 「映画を見に行く」は go to the movies といいます。
9. 「泳ぎに行く」は go for a swim といいます。
10. 「あなたはどうしますか」は what would you do ? とします。

解答例
1. If I had wings, I would fly in the sky.
2. If he were here, he would help me.
3. If I knew the fact, I would tell her.
4. If it were fine today, we could play baseball.
5. If you had a car, we could go for a drive.
6. If I were rich, I could buy the car.
7. If I had no child, I would marry you.
8. If I were free, I would go to the movies.
9. If Tom were not busy, he would go for a swim.
10. If Cathy were here, what would you do?

3 仮定法過去完了

・・仮定法過去完了の用法・・

3時間目は「過去においてあり得なかったこと」を想定する表現を学習しましょう。

これには、「仮定法過去完了」が使われます。まず、次の公式を見てください。

仮定法過去完了 ⇒ **If S ① + had + Vpp ①〜,**
S ② + would + have + Vpp ②〜.
「もし(あの時) S①がVpp①だったならば、S②はVpp②だっただろう。」

「過去においてあり得なかったこと」はすべてこの公式で表現できます。ただ、ここでも注意していただきたいのは、過去完了形を使っているので、「仮定法過去完了」と呼ばれますが、話の内容は「過去」だということです。使われている動詞の形態とはズレが生じますが、この点は「仮定法過去」も同じでしたね。

では、具体的な例文で見ていきましょう。

If I had known the fact, I would have told you.
「もし(あの時)私がその事実を知っていたならば、私はあなたに話しただろうに。」

主節の助動詞には might や could が使われることもあるのは、「仮定法過去」と同じです。

さらにもう1つ、重要表現があるので、公式にしてみまし

ょう。

> 仮定法の混合 ⇒ If S ①＋ had ＋ Vpp ～,
> S ②＋ would ＋ V ～.

「もし（あの時）S①がVppだったならば、S②は（今は）Vだろう。」

これは従節の「仮定法過去完了」と、主節の「仮定法過去」がミックスされた表現形態です。しかし、この逆はないので注意してください。以上を具体例で確認してみましょう。

If I had taken the bus, I would be there now.
「もし（あの時）私がそのバスに乗っていたならば、私は今、そこにいるのに。」

さらに仮定法過去完了にも仮定法過去と同様に「倒置形」があります。

> 倒置形 ⇒ Had ＋ S ①＋ Vpp ①～,
> S ②＋ would ＋ have ＋ Vpp ②～.

「もし（あの時）S①がVpp①だったならば、S②はVpp②だっただろう。」

上記の公式で理解できるように、この場合は、仮定法過去の場合とは違って、had を文頭に出すだけでOKです。例文で確認してみましょう。

Had I known the fact, I would have told you.
「もし（あの時）私がその事実を知っていたならば、私はあなたに話しただろうに。」

さあ、理解できましたか。以上で仮定法の大きな柱は終了です。

● そのまま使える暗唱例文ベスト10 ●

覚えておくと、とっさのときにそのまますぐに使えます。
くり返し声に出して覚えましょう。

次の英文を暗唱しましょう。

- [ ] **1.** If I had known the fact, I would have told you.
- [ ] **2.** If I had been a bird, I would have flown to you.
- [ ] **3.** If Tom had had a lot of money, he would have bought the car.
- [ ] **4.** If Cathy had been in Paris, she would have met him.
- [ ] **5.** If she had missed the train, she would be alive now.
- [ ] **6.** Had I known the fact, I would have told you.
- [ ] **7.** Had I been a bird, I would have flown to you.
- [ ] **8.** Had Tom had a lot of money, he would have bought the car.
- [ ] **9.** Had Cathy been in Paris, she would have met him.
- [ ] **10.** Had she missed the train, she would be alive now.

そのまま使える暗唱例文ベスト10

仮定法過去完了も公式を覚えることからはじめましょう。形は過去完了ですが、内容は過去を表しています。

日本語訳

☐ **1.** もし私がその事実を知っていたならば、あなたに話しただろうに。

☐ **2.** もし私が鳥だったならば、あなたのところへ飛んで行っただろうに。

☐ **3.** もしトムがたくさんのお金を持っていたならば、その車を買っただろうに。

☐ **4.** もしキャシーがパリにいたならば、彼女は彼に会っただろうに。

☐ **5.** もし彼女がその列車に乗り遅れていたならば、彼女は今頃生きているだろうに。

☐ **6.** もし私がその事実を知っていたならば、あなたに話しただろうに。

☐ **7.** もし私が鳥だったならば、あなたのところへ飛んで行っただろうに。

☐ **8.** もしトムがたくさんのお金を持っていたならば、その車を買っただろうに。

☐ **9.** もしキャシーがパリにいたならば、彼女は彼に会っただろうに。

☐ **10.** もし彼女がその列車に乗り遅れていたならば、彼女は今頃生きているだろうに。

7日目 仮定法を勉強してレベルアップだ！

練習英作文ベスト10

次の日本文を英文に訳してみましょう。

☐ **1.** もし彼がそこにいたならば、彼女を助けただろうに。

☐ **2.** もし私が鳥だったならば、彼女のところへ飛んで行っただろうに。

☐ **3.** もしアンディがたくさんお金を持っていたならば、その家を買っただろうに。

☐ **4.** もしメアリーがロンドンにいたならば、彼女は彼と話しただろうに。

☐ **5.** もし私が彼女の住所を知っていたならば、彼女に手紙を書いただろうに。

☐ **6.** もしトムがその列車に間に合っていたら、彼は遅刻しなかっただろうに。

☐ **7.** もし彼女が速く走っていたならば、彼女は間に合っていただろうに。

☐ **8.** もし彼が日本人だったならば、彼はそんなことはしなかっただろうに。

☐ **9.** もし私が去年一生懸命に勉強していたら、今は大学生だろうに。

☐ **10.** もし彼が医者の忠告に従っていたならば、彼は今も生きているだろうに。

ＨＩＮＴＳ

1. 「いる」は be 動詞でしたね。
2. 「飛ぶ」fly は不規則動詞で、過去分詞は flown です。
3. 「買う」の buy も不規則動詞で過去分詞は bought でしたね。
4. 「〜と話す」は talk with 〜といいます。
5. 「〜に手紙を書く」は write to 〜で表します。
6. 「列車に間に合う」は catch the train で、過去分詞は caught です。
7. この「間に合う」は be in time を使います。
8. 「そんなこと」は such a thing でOKです。
9. 「大学生」は a college student といいます。
10. 「医者の忠告に従う」は follow the doctor's advice です。

解答例
1. If he had been there, he would have helped her.
2. If I had been a bird, I would have flown to her.
3. If Andy had had a lot of money, he would have bought the house.
4. If Mary had been in London, she would have talked with him.
5. If I had known her address, I would have written to her.
6. If Tom had caught the train, he would not have been late.
7. If she had run fast, she would have been in time.
8. If he had been a Japanese, he wouldn't have done such a thing.
9. If I had studied hard last year, I would be a college student now.
10. If he had followed the doctor's advice, he would be alive now.

4 仮定法の慣用表現

●・I wish 〜と as if 〜の構文・●

みなさんはすでに「仮定法過去」と「仮定法過去完了」を学習してきましたが、この講義では、それらを使った慣用表現を、公式と例文とで見てみましょう。

慣用表現1 ⇒ I wish S + Vp 〜．
「SがVすればいいのになあ。」
I wish I were a bird.
「私が鳥であればいいのになあ。」

慣用表現2 ⇒ I wish S + had + Vpp 〜．
「SがVしていたらよかったのになあ。」
I wish our team had won the game.
「私たちのチームが試合に勝っていたらよかったのになあ。」

慣用表現3 ⇒ 〜 as if S + Vp 〜．
「まるでSがVするかのように〜。」
He talks as if he were a dictator.
「彼はまるで独裁者であるかのように話します。」

慣用表現4 ⇒ 〜 as if S + had + Vpp 〜．
「まるでSがVしたかのように〜。」

He looks as if he had seen a ghost.
「彼はまるで幽霊でも見たかのような顔つきをしています。」

　I wish ~の代わりに If only ~や Would that ~が、また as if ~の代わりに as though ~が使われることもあります。これらの表現は映画の中で耳にしたり、日常的にもよく使われるので、ぜひ覚えてください。

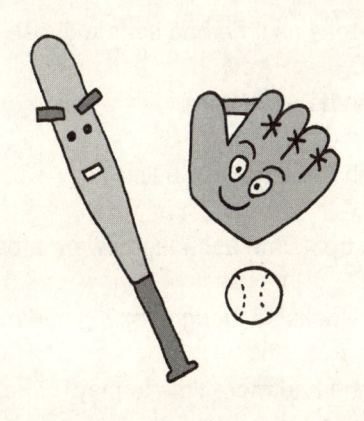

そのまま使える暗唱例文ベスト10

覚えておくと、とっさのときにそのまますぐに使えます。
くり返し声に出して覚えましょう。

次の英文を暗唱しましょう。

☐ **1.** I wish I were a bird.

☐ **2.** I wish our team had won the game.

☐ **3.** He talks as if he were a dictator.

☐ **4.** He looks as if he had seen a ghost.

☐ **5.** I wish he were here.

☐ **6.** I wish I had not told a lie.

☐ **7.** Tom treats me as though I were a baby.

☐ **8.** Mary looks as though nothing had happened.

☐ **9.** I wish I had more time to play.

☐ **10.** Andy behaves as if he were a doctor.

そのまま使える暗唱例文ベスト10

仮定法を使った慣用表現も多く存在します。代表的なものはここにあげましたので、身近にあるものから覚えていきましょう。

日本語訳

- □ 1. 私が鳥であればいいのに。
- □ 2. 私たちのチームがその試合に勝っていたらよかったのに。
- □ 3. 彼はまるで独裁者であるかのように話します。
- □ 4. 彼はまるで幽霊でも見たかのような顔つきをしています。
- □ 5. 彼がここにいればいいのに。
- □ 6. 嘘をつかなければよかったなあ。
- □ 7. トムはまるで赤ん坊であるかのように私を扱います。
- □ 8. メアリーはまるで何も起こらなかったかのような顔つきをしています。
- □ 9. 私はもっと遊ぶ時間があればいいのに。
- □ 10. アンディはまるで医者であるかのようにふるまっています。

5 原形不定詞

・・使役動詞とともに使われる原形不定詞・・

本講義の最後は原形不定詞です。みなさんは「不定詞」と聞くと、「to 不定詞」を思いうかべる人も多いと思いますが、原形不定詞は「動詞の原形」のことで、単独で使われることはなく、動詞(使役動詞、知覚動詞など)や助動詞とともに使われます。

たとえば、みなさんはビートルズの "Let It Be" という曲をご存じですか。あの be が原形不定詞なのです。

では、使役動詞とともに使われる原形不定詞を、公式としてまとめてみましょう。

let + O + V (原形不定詞)
「OにVさせてあげる」(許可)
make + O + V (原形不定詞)
「OにVさせる」(強制)
have + O + V (原形不定詞)
「OにVしてもらう、させる」(指示)

具体的に例文で見てみましょう。

They made him work against his will.
「彼らは無理やり、彼を働かせました。」(強制)
I will have Tom carry my bag.
「私はトムに鞄を運んでもらいます。」(指示)

●●知覚動詞とともに使われる原形不定詞●●

次は、知覚動詞とともに使われる原形不定詞を紹介しますが、知覚動詞はほかに、現在分詞や過去分詞ともいっしょに使われるので、あわせて公式として示しておきますね。

知覚動詞＋O＋V（原形不定詞）
「OがVするのを〜」
知覚動詞＋O＋Ving（現在分詞）
「OがVしているのを〜」
知覚動詞＋O＋Vpp（過去分詞）
「OがVされるのを〜」

では、さらに例文で確認してみましょう。

I saw him enter the house.
「私は彼がその家に入るのを見た。」（原形不定詞）
I heard my name called then.
「私はそのとき自分の名前が呼ばれるのを聞いた。」（過去分詞）

さあ、以上で本講義は終了です。みなさんは今、何かを征服したような、爽快な気持ちを味わっていることでしょう。
しかし勉強には、「これで終わり」ということはありません。
この本を契機にぜひ、これからもチャレンジし続けて、英語の楽しさを満喫してください。

● そのまま使える暗唱例文ベスト10 ●

覚えておくと、とっさのときにそのまますぐに使えます。
くり返し声に出して覚えましょう。

次の英文を暗唱しましょう。

☐ **1.** Let me know by telephone.

☐ **2.** My father let us go abroad.

☐ **3.** They made him work against his will.

☐ **4.** Andy made me wait at the station.

☐ **5.** I will have Tom carry my bag.

☐ **6.** I want to have you repair my watch.

☐ **7.** I saw him enter the house.

☐ **8.** I heard my name called then.

☐ **9.** We will have Andy sweep the room.

☐ **10.** Mary saw someone break the door at midnight.

そのまま使える暗唱例文ベスト10

原形不定詞を使った、使役動詞や知覚動詞の構文を使いこなせるようになると、表現形式のバリエーションが広がるので、ぜひ会得しましょう。

日本語訳

- □ 1. 電話で知らせてください。
- □ 2. 父は私たちを外国へ行かせてくれました。
- □ 3. 彼らは彼を無理やりに働かせました。
- □ 4. アンディは私を駅で待たせました。
- □ 5. 私はトムに私の鞄を運んでもらいます。
- □ 6. 私はあなたに時計を修理してもらいたいのです。
- □ 7. 私は彼がその家に入るのを見ました。
- □ 8. 私はそのとき、自分の名前が呼ばれるのを聞きました。
- □ 9. 私たちはアンディにその部屋を掃除してもらいます。
- □ 10. メアリーは真夜中に誰かがそのドアを壊すのを見ました。

練習英作文ベスト10

次の日本文を1～5は仮定法を用いて
6～10は原形不定詞を用いて英語で書いてみましょう。

☐ **1.** 私が猫であればいいのに。

☐ **2.** 彼はまるでアメリカ人であるかのように話します。

☐ **3.** トムはまるで幽霊でも見たかのような顔つきをしています。

☐ **4.** 彼が生きていたらよかったのに。

☐ **5.** この車を買わなければよかったなあ。

☐ **6.** 私はキャシーが歌を歌うのを聞いたことがない。

☐ **7.** 彼は私を無理やり働かせました。

☐ **8.** 私はメアリーに手紙を書いてもらいます。

☐ **9.** 父は私がスキーへ行くのを許してくれました。

☐ **10.** 私は彼女が通りを横切るのを見ました。

ＨＩＮＴＳ

1. 「～であればいいのに」は、I wish ～ でしたね。
2. 「まるで～のように」は as if ～ を使います。
3. 「幽霊を見る」は see a ghost です。
4. 「生きている」は alive という形容詞ですね。
5. 「買う」buy の過去分詞は bought でしたね。
6. 「歌を歌う」は sing a song です。
7. 「無理やり」は against one's will という熟語です。
8. 「手紙を書く」は write a letter ですね。
9. 「スキーへ行く」は go skiing といいますね。
10. 「通りを横切る」は cross the street です。

解答例
1. I wish I were a cat.
2. He talks as if he were an American.
3. Tom looks as if he had seen a ghost.
4. I wish he had been alive.
5. I wish I had not bought this car.
6. I have not heard Cathy sing a song.
7. He made me work against my will.
8. I will have Mary write a letter.
9. My father let me go skiing.
10. I saw her cross the street.

不規則動詞を確認しよう!

TYPE	原形	過去形	過去分詞形	意味
原形・過去形・過去分詞形がすべて同じ A-A-A	cost	cost	cost	(費用が)かかる
	cut	cut	cut	切る
	hit	hit	hit	打つ
	hurt	hurt	hurt	傷つける
	let	let	let	させる
	put	put	put	置く
	read	read	read	読む
	set	set	set	据える
	shut	shut	shut	閉める
	spread	spread	spread	広げる
	upset	upset	upset	ひっくり返す
過去形・過去分詞形が同じ A-B-B	bend	bent	bent	曲げる
	bind	bound	bound	縛る
	bring	brought	brought	持ってくる
	build	built	built	建てる
	burn	burnt	burnt	焼く
	buy	bought	bought	買う
	catch	caught	caught	捕まえる
	feed	fed	fed	養う
	feel	felt	felt	感じる
	fight	fought	fought	戦う
	find	found	found	見つける
	get	got	got/gotten	得る
	hang	hung	hung	つるす
	hear	heard	heard	聞く
	hold	held	held	抱く
	keep	kept	kept	保つ
	lay	laid	laid	置く
	lead	led	led	導く
	leave	left	left	去る
	lend	lent	lent	貸す
	lose	lost	lost	失う
	make	made	made	作る
	mean	meant	meant	意味する
	meet	met	met	会う
	pay	paid	paid	支払う
	say	said	said	言う
	seek	sought	sought	探し求める
	sell	sold	sold	売る
	send	sent	sent	送る
	shine	shone	shone	輝く
	shoot	shot	shot	撃つ
	sit	sat	sat	座る
	sleep	slept	slept	眠る
	spend	spent	spent	費やす
	strike	struck	struck/stricken	打つ
	sweep	swept	swept	掃く
	swing	swung	swung	揺れる
	teach	taught	taught	教える
	tell	told	told	告げる

TYPE	原形	過去形	過去分詞形	意味
過去形・過去分詞形が同じ **A-B-B**	think	thought	thought	考える
	understand	understood	understood	理解する
	weep	wept	wept	しくしく泣く
	win	won	won	勝つ
	wind	wound	wound	巻く
原形・過去分詞形が同じ **A-B-A**	come	came	come	来る
	overcome	overcame	overcome	克服する
	run	ran	run	走る
原形・過去形が同じ **A-A-B**	beat	beat	beat/beaten	打つ
原形・過去形・過去分詞形が全て異なる **A-B-C**	awake	awoke	awoke/awoken	目覚めさせる
	bear	bore	borne	耐える
	begin	began	begun	始める
	bite	bit	bitten	かむ
	blow	blew	blown	吹く
	break	broke	broken	壊す
	choose	chose	chosen	選ぶ
	draw	drew	drawn	引く
	drink	drank	drunk	飲む
	drive	drove	driven	運転する
	eat	ate	eaten	食べる
	fall	fell	fallen	落ちる
	fly	flew	flown	飛ぶ
	forget	forgot	forgot/forgotten	忘れる
	forgive	forgave	forgiven	許す
	freeze	froze	frozen	凍る
	give	gave	given	与える
	go	went	gone	行く
	grow	grew	grown	成長する
	hide	hid	hidden	隠す
	know	knew	known	知る
	lie	lay	lain	横たわる
	mistake	mistook	mistaken	間違える
	ride	rode	ridden	乗る
	ring	rang	rung	鳴る
	rise	rose	risen	昇る
	see	saw	seen	見る
	sew	sewed	sewn	縫う
	shake	shook	shaken	振り動かす
	show	showed	shown	示す
	sing	sang	sung	歌う
	sink	sank	sunk	沈む
	speak	spoke	spoken	話す
	steal	stole	stolen	盗む
	swim	swam	swum	泳ぐ
	take	took	taken	取る
	tear	tore	torn	引き裂く
	throw	threw	thrown	投げる
	wake	woke	woken	目覚める
	wear	wore	worn	着ている
	write	wrote	written	書く

この作品は、2004年11月にPHP研究所より刊行された
『カリスマ先生の英文法』を改題したものである。

著者紹介
安河内哲也（やすこうち　てつや）
上智大学外国語学部英語学科卒。東進ハイスクール講師。
社会人から中学生まで、企業研修や予備校の衛星授業を通じて、多くの人を教える人気英語講師。
自らが苦労して英語を学んだ経験を授業のベースとしている。
取得資格は、実用英語技能検定（英検）1級、通訳案内業国家試験、国際連合英語検定（国連英検）特A級、TOEIC®テスト990点満点等多数。

PHP文庫　7日間で速攻マスター！
奇跡の「英文法手帳」

2008年7月17日　第1版第1刷

著　者	安　河　内　哲　也
発行者	江　口　克　彦
発行所	PHP研究所

東京本部　〒102-8331　千代田区三番町3番地10
　　　　　文庫出版部　☎03-3239-6259（編集）
　　　　　普及一部　　☎03-3239-6233（販売）
京都本部　〒601-8411　京都市南区西九条北ノ内町11

PHP INTERFACE　　http://www.php.co.jp/

制作協力 組　版	PHPエディターズ・グループ
印刷所	共同印刷株式会社
製本所	株式会社大進堂

© Tetsuya Yasukochi 2008 Printed in Japan
落丁・乱丁本の場合は弊社制作管理部（☎03-3239-6226）へご連絡下さい。
送料弊社負担にてお取り替えいたします。
ISBN978-4-569-67084-3

PHP文庫

宮脇檀 男の生活の愉しみ
三輪豊明 図解「国際会計基準」入門の入門
向山洋一 編著 中学の数学「数式」を5時間で攻略する本
向山洋一 編著 中学の数学「苦手な文章題」を5時間で攻略する本
向山洋一 編著 小学校の「英語」を完全攻略
向山洋一 編著 小学校の「算数」を5時間で攻略する本
師尾喜代子 著 作文「書くコツ」がまるごとわかる本
向山洋一 向山式「勉強のコツ」がよくわかる本 「中学の数学」全公式が12時間でわかる本
森荷葉 「きもの」は女の味方です。
森邦子 わが子が稚園に通うとき読む本
森本哲郎 ことばへの旅(上)(下)
森本哲郎 戦争と人間
守屋洋 中国古典一日一言
守屋洋 男の器量 男の値打ち
八坂裕子 ハートを伝える聞き方、話し方
八坂裕子 好きな彼に言ってはいけない50のことば
安岡正篤 人生活眼活学
安岡正篤 人生と陽明学

安岡正篤 論語に学ぶ
八尋舜右 竹中半兵衛
藪小路雅彦 超現代語訳「百人一首」
山折哲雄 蓮如と信長
プライアン・L・ワイス 出版部訳 前世療法
プライアン・L・ワイス 山川紘矢・亜希子訳 「前世」からのメッセージ
山崎武也 一流の仕事術
山崎房一 強い子・伸びる子の育て方
山崎房一 心がやすらぐ魔法のことば
山崎房一 子どもを伸ばす魔法のことば
山崎房一 人生をゆっくりと
山田正二 監修 間違いだらけの健康常識
山田陽子 1週間で脚が細くなる本
山田竜也 新選組剣客伝
山村竜也 目からウロコの幕末維新
八幡和郎 47都道府県うんちく事典
唯川恵 明日に一歩踏み出すために
唯川恵 きっとあなたにできること
唯川恵 わたしのためにできること

ゆうきゆう 「ひと言」で相手の心を動かす技術
甲野善紀 自分の頭と身体で考える
養老孟司 自分の頭と身体で考える
吉松安弘 バグダッド憂囚
読売新聞大阪本社編集局 雑学新聞
李家幽竹 超初級「ハングル入門」の入門
木内康 読光新聞大阪本社編集局 雑学新聞
リック西尾 「風水」で読み解く日本史の謎
リック西尾 英語で1日すごしてみる
竜崎攻 真田昌幸
鷲田小彌太 「やりたいこと」がわからない人たちへ
鷲田小彌太 大学時代に学ぶべきこと学ばなくてよいこと
和田秀樹 受験は要領
和田秀樹 受験に強くなる「自分」の作り方
和田秀樹 わが子を東大に導く勉強法
和田秀樹 受験本番に強くなる本
和田秀樹 他人の10倍仕事をこなす私の習慣
渡辺和子 美しい人に
渡辺和子 愛をこめて生きる
渡辺和子 愛することは許されること
渡辺和子 目に見えないけれど大切なもの

PHP文庫

保阪正康 父が子に語る昭和史
星 亮一 浅井 長政
本間正人「コーチング」に強くなる本
本間正人「コーチング」に強くなる本 応用編
本間直人「コーチング」に強くなる本 ビジネス・コーチング入門
本多信一 内向型人間だからうまくいく
毎日新聞社話のネタ
前垣和義 東京と大阪「味」のなるほど比較事典
マザー・テレサ／渡辺和子訳編著 マザー・テレサ 愛と祈りのことば
ますいさくら「できる男」「できない男」の見分け方
ますいさくら「できる男」の口説き方
町沢静夫 なぜいい人は心を病むのか
松井今朝子 東洲しゃらくさし
松井今朝子 幕末あどれさん
松澤佑次監修／駒沢伸彦著 やさしい「がん」の教科書
松田十刻 沖田総司
松田十刻 東条英機
松野宗純 人生は雨の日の托鉢
松野宗純 つぎの一歩から、人生は新しい
松原惇子「いい女」講座

松原惇子「なりたい自分」がわからない女たちへ
松下幸之助 物の見方 考え方
松下幸之助 私の行き方 考え方
松下幸之助 指導者の条件
松下幸之助 決断の経営
松下幸之助 わが経営を語る
松下幸之助 社員稼業
松下幸之助 その心意気やよし
松下幸之助 人間を考える
松下幸之助 リーダーを考える
松下幸之助 君に志はあるか
松下幸之助 商売は真剣勝負
松下幸之助 経営にもダムのゆとり
松下幸之助 企業は公共のもの
松下幸之助 道行く人もみなお客様
松下幸之助 一人の知恵より十人の知恵
松下幸之助 強運なくして成功なし
松下幸之助 正道を一歩一歩
松下幸之助 社員は社員稼業の社長
松下幸之助 若さに贈る

松下幸之助 道は無限にある
松下幸之助 商売心得帖
松下幸之助 経営心得帖
松下幸之助 社員心得帖
松下幸之助 人生心得帖
松下幸之助 実践経営哲学
松下幸之助 経営のコツここなりと気づいた価値は百万両
松下幸之助 素直な心になるために
的川泰宣 宇宙の謎を楽しむ本
的川泰宣 宇宙はいっぱい
万代恒雄 信じたとおりに生きられる
三浦行義 なぜか「面接に受かる人」の話し方
水野靖夫 微妙な日本語使い分け字典
道浦俊彦「ことばの雑学」放送局
三戸岡道夫 大 山 巌
水上 勉「般若心経」を読む
宮崎伸治 時間力をつける最強の方法100
宮部 修 文章をダメにする三つの条件
宮部みゆき 初ものがたり
宮部みゆき／安部龍太郎／中村彰彦他 運命の剣のきばしら

PHP文庫

日本博学倶楽部	「ことわざ」なるほど雑学事典
日本博学倶楽部	戦国武将・あの人の「その後」
日本博学倶楽部	幕末維新・あの人の「その後」
日本博学倶楽部	日露戦争・あの人の「その後」
沼田陽一	イヌはなぜ人間になつくのか
野村敏雄	宇喜多秀家
野村敏雄	小早川隆景
野村敏雄	秋山好古
ハイパープレス	雑学居酒屋
葉治英哉	松平容保
長谷川三千子	正義の喪失
秦郁彦編	ゼロ戦20番勝負
畠山芳雄	人を育てる100の鉄則
畠山芳雄	こんな幹部は辞表を書け
服部英彦	「質問力」のある人が成功する
服部省吾	戦闘機の戦い方
服部隆幸	〈入門〉ワン・トゥ・ワン・マーケティング
花村奨	前田利家
羽生道英	佐々木道誉
羽生道英	伊藤博文
浜尾実	子供を伸ばす一言ダメにする一言
浜野卓也	黒田官兵衛
浜野卓也	細川忠興
浜野卓也	佐々木小次郎
晴山陽一	ビッグバンTOEIC®テスト900点突破速習法
半藤一利	ドキュメント 太平洋戦争への道
半藤一利	日本海軍の興亡
半藤一利	ルンガ沖夜戦
半藤一利	レイテ沖海戦
半藤一利/横山恵一	夏目家の糠みそ
半藤末利子	図解「パソコン入門」の入門
PHPエディターズ・グループ	松下幸之助 若き社会人に贈る一日一話
PHP総合研究所編	挑めばチャンス 逃げればピンチ
樋口廣太郎	魔界都市・京都の謎
火坂雅志	いのちの器〈新装版〉
日野原重明	5歳までのゆっくり子育て
平井信義	思いやりある子の育て方
平井信義	親がすべきこと してはいけないこと
平井信義	子どもの能力の見つけ方・伸ばし方
平井信義	子どもを叱る前に読む本
平井信義	ゆっくり子育て事典
平川陽一	超古代大陸文明の謎
平川陽一	世界遺産・封印されたミステリー
平川陽一	古代都市・封印されたミステリー
平澤興	論語を楽しむ
ビル・トッテン	アングロサクソンは人間を幸せにする
福井栄一	上方学
福島哲史	「書く力」が身につく本
福田健	「交渉力」の基本が身につく本
藤井龍二	ロングセラー商品誕生物語
藤井完二	上司はあなたのどこを見ているか
藤原美智子	「きれい」への77のレッスン
丹波哲郎/本義一	大阪人と日本人
北條恒一(改訂版)	『株式会社』のすべてがわかる本
保坂隆監修	「プチ・ストレス」にさよならする本
保阪正康	太平洋戦争の失敗 10のポイント
保阪正康	昭和史がわかる55のポイント

PHP文庫

永崎一則 人をほめるコツ・叱るコツ
永崎一則 話力をつけるコツ
中澤天童 名古屋の本
中島道子 前田利家と妻まつ
中島道子 松平 忠輝
中島道子 松平 春嶽
中曽根康弘 永遠なれ、日本
石原慎太郎
永田英正 項 羽
中谷彰宏 入社3年目までに勝負がつく77の法則
中谷彰宏 気がきく人になる心理テスト
中谷彰宏 なぜ彼女にオーラを感じるのか
中谷彰宏 自分で考える人が成功する
中谷彰宏 時間に強い人が成功する
中谷彰宏 大学時代にしなければならない50のこと
中谷彰宏 運命を変える50の小さな習慣
中谷彰宏 強運になれる50の小さな習慣
中谷彰宏 大学時代に出会わなければならない50人
中谷彰宏 なぜあの人にまた会いたくなるのか
中谷彰宏 「大人の女」のマナー
中谷彰宏 スピード人間が成功する

中谷彰宏 人は短所で愛される
中谷彰宏 好きな映画が君と同じだった
中谷彰宏 独立するためにしなければならない50のこと
中谷彰宏 スピード整理術
中谷彰宏 会社で教えてくれない50のこと
中谷彰宏 なぜあの人は時間を創り出せるのか
中谷彰宏 人を許すと've人は許される
中谷彰宏 大人の「ライフスタイル美人」になろう
中谷彰宏 なぜ、あの人は、存在感、があるのか
中谷彰宏 都会に住んで、元気になろう。
中谷彰宏 恋の奇跡のおこし方
中谷絵宏 かまいたくよ絵
中谷彰宏 人を動かせる人の50の小さな習慣
中谷彰宏 本当の自分に出会える101の言葉
中谷彰宏 一日に24時間もあるじゃないか
中津文彦 歴史に消された18人のミステリー
中西安数字が苦手な人の経営分析
中西輝政 大英帝国衰亡史
中野明 論理的に思考する技術
中原英岐 なにが「脳」を壊していくのか
佐川英臣
永久寿夫 スラスラ読める「日本政治原論」

中村昭雄監修 図解 政府・国会・官公庁のしくみ
造事務所編
中村彰彦 幕末を読み直す
中村 晃児 玉 源太郎
中村祐輔監修 遺伝子の謎を楽しむ本
中村幸昭 マグロは時速160キロで泳ぐ
中村義一編 知って得する!速算術
阿邊慈恩
中山庸子〈なちょシングルマザー日記
中山庸子 夢ノートのつくりかた
中山庸安 夢生活カレンダー
奈良井安
西野武彦 問題解決力が見る身につく本
西本万映子「株のしくみ」がよくわかる本
日本語表現研究会「就職」に成功する文章術
日本博学倶楽部 気のきいた言葉の事典
日本博学倶楽部「歴史」の意外な結末事典
日本博学倶楽部「関東」と「関西」こんなに違う事典
日本博学倶楽部 雑 学 大 学
日本博学倶楽部 歴史の意外な「ウラ事情」
日本博学倶楽部 歴史の「決定的瞬間」
日本博学倶楽部 歴史を動かした意外な人間関係
日本博学倶楽部 歴史の意外な「ウワサ話」

PHP文庫

田島みるく 文/絵 お子様ってやつは
田坂広志 仕事の思想
田坂広志 意思決定12の心得
太佐順 陸
武光誠「鬼と魔」で読む日本古代史
武光誠 古代史 大逆転
竹内一元 [図説]戦国兵法のすべて
匠英一 監修「しぐさと心理」のウラ読み事典
匠英一 監修「図解表現」の技術が身につく本
滝川ランディ ミッドナイト・コール
田口英一「経済図表・用語」早わかり
財部誠一「カルロス・ゴーンは日産をいかに変えたか」
高宮和彦 監修 健康常識なるほど事典
高橋三千世 爆笑！ ママが家計を救う
高橋克彦 風の陣「立志篇」
高橋勝成 ゴルフ最短上達法
高橋安昭 会社の数字に強くなる本
高野澄井 伊直政
髙嶌幸広「話す力」が身につく本

田島みるく 文/絵「出産」ってやつは
立石優範
立林志郎 選/監修 PHP研究所 編 古典落語100席
田中澄江「しつけ」の上手い親・下手な親
田中嶋舟 みるみる子が上手くなる本
谷口克広 目からウロコの戦国時代
谷沢永一 こんな人生を送ってみたい
渡部昇一 孫子 勝つために何をすべきか
田原紘 目からウロコのパット術
田原紘 実践 50歳からのパワーゴルフ
田原紘 ゴルフ下手が治る本
田原紘 ゴルフ下手につける13のクスリ
田辺聖子 恋 する 罪 び と
丹波元 京都人と大阪人と神戸人
丹波元 まるかじり礼儀作法
柘植久慶 旅 順
柘植久慶 歴史を動かした「独裁者」
柘植久慶 世界のクーデター・衝撃の事件史
柘植久慶 日露戦争名将伝

デニス・ウェイトリー、小谷啓子 訳 少しの手間できれいに暮らす
寺林峻 エピソードで読む黒田官兵衛
童門冬二「情」の管理・「知」の管理
童門冬二 上杉鷹山の経営学
童門冬二 宮本武蔵の人生訓
童門冬二 男の論語（上）
童門冬二 男の論語（下）
戸部新十郎 二十五人の剣豪
戸部新十郎『日本の神様』がよくわかる本
ドロシー・ロー・ノルト／レイチャル・ハリス 石井千春 訳／武者小路実昭 訳 子どもが育つ魔法の言葉
ドロシー・ロー・ノルト for the Heart
土門周平 天皇と太平洋戦争
中江克己 日本史 怖くて不思議な出来事
中江克己 お江戸の意外な生活事情
中江克己 お江戸の地名の意外な由来
中江克己 お江戸の意外な「モノ」の値段
長尾剛 新釈「五輪書」
中川昌彦 自分の意見がはっきり言える本
長坂幸子 監修 家庭料理「そうだったのか」クイズ
永崎一則 人をとほめられ、ことばは鍛えられる

出口保夫 イギリスの優雅な生活

PHP文庫

阪本亮一 超「リアル」営業戦術
櫻井よしこ 大人たちの失敗
佐々木宏 成功するプレゼンテーション
佐治晴夫 宇宙の不思議
佐竹申伍 蒲生氏郷
佐竹申伍 真田幸村
佐々淳行 危機管理のノウハウ PART1(1)(2)(3)
佐藤綾子 すべてを変える勇気をもとう
佐藤綾子 すてきな自分への22章
佐藤勝彦監修 「相対性理論」を楽しむ本
佐藤勝彦監修 最新宇宙論と天文学を楽しむ本
佐藤勝彦監修 「量子論」を楽しむ本
佐藤勝彦監修 「相対性理論」の世界へようこそ
佐藤よし子 英国スタイルの家事整理術
佐藤よし子 今さら人に聞けない「パソコンの技術」
J&Lパブリッシング編著／酒井泰介訳 ジェラシー・ホワイト
芝 豪 太公望
篠原佳年 幸福力
七田眞 子どもの知力を伸ばす300の知恵
重松一義 江戸の犯罪白書
スチュアート・クレイナー／金利光訳 ウェルチ 勝者の哲学

柴田武 知ってるようで知らない日本語
渋谷昌三 外見だけで人を判断する技術
渋谷昌三 外見だけで人を判断する技術 実践編
渋谷昌三 しぐさで人の気持ちをつかむ技術
渋谷昌三 人間というもの
嶋津義忠 上杉鷹山
清水武治 「アーム理論」の基本がよくわかる本
下村昇 大人のための漢字クイズ
謝世輝 世界史の新しい読み方
シルビア・ブラウン／江實訳 あなたに奇跡を起こすスピリチュアル・ノート
水津正臣監修 「刑法」がよくわかる本
水津正臣監修 「職場の法律」がよくわかる本
菅原明子監修 マイナスイオンの秘密
菅原万美 お嬢様ルール入門
杉本苑子 落とし穴
スーザン・ヘイワード編／山川絋矢・山川亜希子訳 聖なる知恵の言葉
鈴木五郎 飛行機の100年史
鈴木秀子 9つの性格
鈴木豊 「顧客満足」を高める35のヒント

スティーブ・チャンドラー／弓場隆訳 あなたの夢が実現する簡単な50の方法
世界博学倶楽部 「世界地理」なるほど雑学事典
関裕二 古代史の秘密を握る人たち
関裕二 消された王権・物部氏の謎
関裕二 大化改新の謎
関裕二 壬申の乱の謎
関裕二 神武東征の謎
瀬島龍三 大東亜戦争の実相
全国データ愛好会 47都道府県なんでもベスト10
曾野綾子 人は最期の日でさえやり直せる
大疑問研究会 大人の新常識520
太平洋戦争研究会 太平洋戦争がよくわかる本
太平洋戦争研究会 日本海軍がよくわかる事典
太平洋戦争研究会 日本陸軍がよくわかる事典
太平洋戦争研究会 日露戦争がよくわかる本
多賀一史 日本海軍艦艇ハンドブック
多賀一史 日本陸軍航空機ハンドブック
多湖輝 しつけの知恵
多嶋秀武 話のおもしろい人、つまらない人
髙嶋幸広 話し方上手になる本

PHP文庫

桐生操 王妃カトリーヌ・ド・メディチ
桐生操 王妃マルグリット・ド・ヴァロワ
楠木誠一郎 石原莞爾
楠木誠一郎 エピソードで読む武田信玄
楠山春樹 「老子」を読む
国司義彦 20代の生き方を本気で考える本
国司義彦 30代の生き方を本気で考える本
国司義彦 40代の生き方を本気で考える本
国司義彦 50代の生き方を本気で考える本
栗田昌裕 栗田式記憶法入門
黒岩重吾 古代史の真相
黒岩重吾 古代史を解く九つの謎
黒岩重吾 古代史を読み直す
黒鉄ヒロシ 新選組
黒鉄ヒロシ 坂本龍馬
黒鉄ヒロシ 幕末暗殺
黒部亨 宇喜多直家
ケリー・グリーン/楡井浩一訳 なぜ、「仕事がうまくいく人」の習慣
ケリー・グリーン/楡井浩一訳 だから、「仕事がうまくいく人」の習慣
小池直己 TOEIC®テストの「決まり文句」

小池直己 TOEIC®テストの英文法
小池直己 TOEIC®テストの英単語
小池直己 TOEIC®テストの英熟語
小池直己 TOEIC®テストの基本英会話
小池直己 中学英語を5日間でやり直す本
佐藤誠司
幸運社 意外と知らない「もののはじまり」
神坂次郎 特攻隊員の命の声が聞こえる
甲野善紀 武術の新・人間学
甲野善紀 古武術からの発想
甲野善紀 表の体育 裏の体育
甲本一 自分をラクにする心理学
國分康孝 みんなの箱人占い
郡順史佐々成政
兒嶋かよ子 「民法」がよくわかる本
兒嶋かよ子監修 クイズ法律事務所
児玉佳一 赤ちゃんの気持ちがわかる本
須藤亜希子
近衛龍春 織田信忠
木幡健一 「マーケティング」の基本がわかる本
木幡健一 「プレゼンテーション」に強くなる本
小林正博 小さな会社の社長学

小巻泰之/監修造事務所 図解 日本経済のしくみ
小山俊 リーダーのための心理法則
コリアンワークス/早野依子訳 コリアンターナー あなたに奇跡を起こす「日本と韓国人」なるほど事典
コリアンワークス/早野依子訳 コリアンターナー あなたに奇跡を起こす「小さな100の智恵」
コリアンワークス/早野依子訳 コリアンターナー あなたに奇跡を起こす「希望のストーリー」
近藤唯之 プロ野球 遅咲きの人間学
今野紀雄 『微分・積分』を楽しむ本
財団法人計量生活会館 知って安心！「脳の健康常識」
斎藤茂太 心のウサが晴れる本
斎藤茂太 逆境がプラスに変わる考え方
斎藤茂太 10代の子供のしつけ方
斎藤茂太 「なぜか」と好かれる人の共通点
齋藤孝 会議革命
酒井美意子 花のある女の子の育て方
堺屋太一 組織の盛衰
坂崎重盛 なぜ「この人の周りに人が集まるのか
坂崎重盛 「人間関係ぎらい」を楽しむ生き方
坂田信弘 ゴルフ進化論
坂野尚子 「いい仕事」ができる女性
阪本亮一 できる営業マンはなぜ「何」話しているのか

PHP文庫

岡倉徹志	イスラム世界がよくわかる本
岡崎久彦	陸奥宗光（上巻）
岡崎久彦	陸奥宗光（下巻）
岡崎久彦	陸奥宗光とその時代
岡崎久彦	小村寿太郎とその時代
岡崎久彦	重光・東郷とその時代
岡崎久彦	吉田茂とその時代
岡崎久彦	なぜ気功は効くのか
岡本好古	韓信
岡野守也	よくわかる般若心経
小川由秋	真田幸隆
荻野洋一	世界遺産を歩こう
オグ・マンディーノ／菅靖彦訳	この世で一番の奇跡
オグ・マンディーノ／菅靖彦訳	この世で一番の贈り物
小栗かよ子／堀田明美訳	エレガント・マナー講座
小栗かよ子	自分を磨く「美女」講座
奥脇洋子	魅力あるあなたをつくる感性レッスン
尾崎哲夫	10時間で英語が話せる
尾崎哲夫	10時間で英語が読める
尾崎哲夫	10時間で覚える英単語
尾崎哲夫	10時間で覚える英文法
快適生活研究会	「料理」ワザあり事典
快適生活研究会	「冠婚葬祭」ワザあり事典
快適生活研究会	世界のブランド「これ知ってる？」事典
岳真也・編著	「新選組」の事情通になる！
岳真也	日本史「悪役」たちの言い分
笠巻勝利	仕事が嫌になったとき読む本
梶原一明	本田宗一郎が教えてくれた
風野真知雄	陳平
片山又一郎	マーケティングの基本知識
加藤諦三	「思いやり」の心理
加藤諦三	「やさしさ」と「冷たさ」の心理
加藤諦三	終わる愛 終わらない愛
加藤諦三	自分に気づく心理学
加藤諦三	「ねばり」と「もろさ」の心理学
加藤諦三	人生の重荷をプラスにする人、マイナスにする人
加藤諦三	「きょうだい」の上手な育て方
金盛浦子	「つい叱ってしまう」をしのぐとっさの方法
金盛浦子	30ポイントで読み解くクラウゼヴィッツ『戦争論』
金森誠也／監修	
加野厚志／島津義弘	
加野厚志	本多平八郎忠勝
金平敬之助	ひと言のちがい
神川武利	秋山真之
神川武利	伊達宗城
唐土新市郎	図で考える営業マンが成功する
狩野直禎	諸葛孔明
河合敦	目からウロコの日本史
川北義則	人生、だから面白い
川北義則	「いま」を10倍愉しむ思考法則
川口素生	「幕末維新」がわかるキーワード事典
川島令三・編著	鉄道なるほど雑学事典
川島令三	幻の鉄道路線を追う
樺旦純	運がつかめる人 つかめない人
樺旦純	こころ・男ごころがわかる心理テスト
菊入みゆき	モチベーションを高める本
菊池道人	北条氏康
菊池道人	斎藤一
北岡俊明	ディベートがうまくなる法
桐生操	紀州一義太夫入江泰吉写真 仏像を観る
桐生操	世界史 怖くて不思議なお話
桐生操	世界史 驚きの真相

PHP文庫

逢坂剛 鬼平が「うまい」と言った江戸の味
北原亞以子
逢沢明 大人のクイズ
逢沢明 ゴルフ「負けるが勝ちの逆転・ゲーム理論」
青木功 ゴルフわが技術
赤羽建美 女性が好かれる9つの理由
阿川弘之 日本海軍に捧ぐ
阿久悠八郎 監修 「言葉のウラ」を読む技術
浅野裕子 大人のエレガンス80のマナー
阿奈靖雄 「プラス思考の習慣」で道は開ける
阿奈靖雄 プラス思考を習慣づける52の法則
綾小路きみまろ 有効期限の過ぎた亭主・賞味期限の切れた女房
大原敬子訳 人生は100回でもやり直しがきく
飯田史彦 生きがいのマネジメント
飯田史彦 大学で何をどう学ぶか
飯田史彦 生きがいの本質
飯田史彦 愛の論理
飯田史彦 人生の価値
池波正太郎 霧に消えた影
池波正太郎 信長と秀吉と家康
池波正太郎 さむらいの巣

石島洋一 決算書がおもしろいほどわかる本
石島洋一 「バランスシート」がみるみるわかる本
石田勝正 抱かれる子どもはよい子に育つ
石原結實 血液サラサラで、病気が治る・キレイになれる
伊集院憲弘 「仕事は、キレイ」から始まる
泉秀樹 戦国なるほど人物事典
泉秀樹 幕末維新なるほど人物事典
板坂元男 の作法
市田ひろみ 気くばり上手、きほんの「き」
稲盛和夫 成功への情熱―PASSION―
稲盛和夫・盛和塾事務局 稲盛和夫の実践経営塾
稲盛和夫 稲盛和夫の哲学
井上和子 聡明な女性はスリムに生きる
今泉正顕 人物なるほど「一日一話」
梅澤恵美子 額田王の謎
梅津祐良 監修 池上重輔 【図解】わかる! MBA
瓜生中 仏像がよくわかる本
江口克彦 心はいつもここにある
江口克彦 経営秘伝
江口克彦 成功の法則

江口克彦 上司の哲学
江口克彦 人徳経営のすすめ
江口克彦 鈴木敏文経営を語る
江坂彰 大失業時代、サラリーマンはどうなる
江坂彰 「21世紀型上司」はこうなる
エンサイクロネット 「言葉のルーツ」おもしろ雑学
エンサイクロネット スポーツの大疑問
エンサイクロネット 必ず成功する営業「マル秘」法則
エンサイクロネット 好感度をアップさせる「モノの言い方」
エンサイクロネット ビジネス どんな人にも好かれる魔法の心理作戦
遠藤順子 再会
呉善花 日本が嫌いな日本人へ
呉善花 私はいかにして「日本信徒」となったか
大石芳裕 監修 造事務所 【図解】流通のしくみ
大島秀太 世界 やさしいパソコン用語事典
大島昌宏 結城秀康
太田颯衣 5年後のあなたを素敵にする本
大橋武夫 戦いの原則
大原敬子 なぜか幸せになれる女の習慣
大原敬子 愛される人の1分30秒レッスン